中学の単語ですぐに話せる！英会話1000フレーズ

デイビッド・セイン

青春新書
INTELLIGENCE

Prologue

「中学レベルの単語で英会話はできる！」
といったキャッチコピーを広告等で目にしますが、本当でしょうか？
ネイティブの私からすれば、「日常会話は中学英語で大丈夫」は事実です。

たとえば最近よく耳にする「インスタ映えする」なら、
It's a great Instagram shot.
「この動画（YouTube）チェックして！」なら、
Check out this video on YouTube!
です。
インスタグラムやユーチューブはカタカナのままでOK。だからあとは中学英語を並べるだけでいいのです。

これはほんの一例ですが、中学で出てきた、皆さんおなじみの単語だけで、ネイティブがしているほとんどの日常会話はカバーできるのです（もちろん、専門的な会話や複雑な商談には相応の単語が必要になりますが）。
必要であれば難しい単語を覚えることも大事ですが、それよりも、
「すでに知っている単語でこれだけの表現ができるのか」
「こんなに豊かなコミュニケーションができるんだ」

ということを、ぜひ多くの英語学習者の方々に知っていただきたいと思って本書を書きました。

この本では、**あらゆるシチュエーションで使える、使い勝手バツグンの1000フレーズを厳選して収録しました。**

まず、左ページの「日本語」を、日本語の下にあるヒントを参考に英訳してみてください。
右ページにおすすめのフレーズがあります。
こうして英訳を繰り返すことで1000フレーズをマスターできるように構成しました。

ヒントを見れば、言い出しの言葉と単語数がわかります。
それを手がかりに次々と英訳してください。
わからなくても悩む必要はありません。すぐに右ページを見てかまいません。**大事なのは、見て「なるほど」と思うことです。その瞬間に脳に記憶されます。**

正解したら、番号の下の□に✔を入れましょう。
1000フレーズすべてに☑がついたら、日常英会話はバッチリです。

とっさのときに言いたいフレーズが、必ず、ハンディなこの1冊の中にあるはずです。

ぜひご活用ください。

デイビッド・セイン

Contents

Prologue ▶▶▶ 3

Chapter 1　　**相手と親しくなる** ▶▶▶ 11

SNSで仲良くなる／最初のひとこと／あいさつをする／スマホをきっかけに／SNSの話題／天気の話題／街で困っている人に／自己紹介をする／スモールトーク／人を紹介する／仕事を紹介する／電話のやりとり／話しかける／家族について／見知らぬ人に／急に話しかけられて

> コラム　疑問文のsomething ▶▶▶ 48

Chapter 2　　**案内する** ▶▶▶ 49

困っている人に／道案内をする／電車の乗り換え／トイレを案内する／手助けする

> コラム　shouldの意味、知ってますか？ ▶▶▶ 64

Chapter 3　　**趣味の話で盛り上がる** ▶▶▶ 65

好みを聞く／映画について／ペットについて／サッカーについて／野球について／食べ物について／旅行について／本について

> コラム　使いこなしたい、前置詞 into ▶▶▶ 84

Chapter 4 **誘う・約束する・会う** ▶▶▶ 85

予定を聞く／誘う／約束する／日程を決める／約束を変更する／待ち合わせする

> コラム　Let's 以外にもある！ 誘い文句のいろいろ ▶▶▶ 100

Chapter 5 **気持ちを伝える** ▶▶▶ 101

感謝する／ほめる／喜ぶ／驚く／がっかりする／がんばる！／確認する／同意する／あいまいに返事をする／お願いする

> コラム　気持ちを伝える「かくしワザ」 ▶▶▶ 124

Chapter 6 **同情・忠告・断る・怒る** ▶▶▶ 125

同情する／気づかう／悩みを聞く／アドバイスする／励ます／断る／イライラしたとき／抗議する／怒る

> コラム　神にまつわる喜怒哀楽 ▶▶▶ 144

Chapter 7 **観光の英会話** ▶▶▶ 145

案内する／日本文化について／感想を聞く／海外のコンビニで／海外の土産物店で／海外のレストランで／海外でのショッピング

> コラム　You can ... でおもてなし！ ▶▶▶ 172

Chapter 8　　**間違えやすい和製英語** ▶▶▶ 173
オフィスの和製英語／食べ物＆日用品の和製英語／身のまわりの和製英語

>**コラム　和製英語にご用心！** ▶▶▶ 188

Chapter 9　　**大人の英会話（恋愛）** ▶▶▶ 189
話しかける／相手のことを聞く／デートに誘う／デート中／恋バナ／恋の終わり

>**コラム　恋愛のキッカケはSNS?!** ▶▶▶ 202

Chapter10　　**メール・SNS** ▶▶▶ 203
Twitterのやりとり／Facebookのやりとり／Webサイトのやりとり／SNSでコメントする／SNSでツイートする／ビジネスのメール

イラスト　奈良裕己

>本書の使い方

STEP 1
左ページの日本語を見て、英訳に挑戦！

STEP 2
日本語の下にあるのはヒント。「__」には単語が入るので、単語数をヒントに！

Chapter 1 | SNS で仲良くなる

0001 ツイッター (Twitter) やってる？
> Are you __ __?

0002 フォロワーは何人ぐらい？
> How many __ __ __ __?

0003 ライン (LINE) やってる？
> Are you __ __?

0004 LINE で話そう。
> Let's talk __ __.

0005 インスタ (Instagram) やってる？
> Are you __ __?

0006 インスタ映えするよ！
> It's a great __ __ __!

0007 フェイスブック (Facebook) のアカウントは持ってる？
> Do you have a __ __?

0008 ユーザーネームは何？
> What's __ __?

0009 あとで友達申請するね。
> I'll send you a __ __ __.

STEP 4
正解を答えられたら ✔ しましょう。全1000問を2回ずつ正解できたら、日常英会話は OK！

STEP 3
本書がおすすめするフレーズ。必要に応じて解説を掲載。

STEP 5
右ページ右上の数字は、音声データのTrack番号。1 Track につき 10 例文、全 100 Tracks で 1000 例文の音声を収録。

Track **001**

Are you on Twitter?
Are you on ... (SNSの名前) ? で「…をやっていますか？」。

How many followers do you have?
SNSのフォロワーとは「(あなたの) 情報を随時チェックする人」を指します。

Are you on LINE?
TwitterなどSNSの場合は前置詞onを使います。

Let's talk on LINE.

Are you on Instagram?
do Instagram でも「インスタをやる」になります。

1 相手と親しくなる
2 案内する
3 趣味の話

＞音声のダウンロード方法

本書に掲載されている例文の音声をダウンロードできます。下記のURLからアクセスしてダウンロードしてください。

https://sites.google.com/view/1000-phrases

・音声はMP3ファイル形式となっています。音声の再生にはMP3を再生できる機器などが別途必要です。
・ご使用機器、音声再生ソフト等に関する技術的なご質問は、ハードメーカーもしくはソフトメーカーにお願いします。
・本サービスは予告なく終了されることがあります。ご了承ください。

Chapter

1

相手と親しくなる

Chapter 1 | SNS で仲良くなる

0001 ツイッター（Twitter）やってる？
> Are you __ __?

0002 フォロワーは何人ぐらい？
> How many __ __ __ __?

0003 ライン（LINE）やってる？
> Are you __ __?

0004 LINE で話そう。
> Let's talk __ __.

0005 インスタ（Instagram）やってる？
> Are you __ __?

0006 インスタ映えするよ！
> It's a great __ __!

0007 フェイスブック（Facebook）のアカウントは持ってる？
> Do you have a __ __?

0008 ユーザーネームは何？
> What's __ __?

0009 あとで友達申請するね。
> I'll send you a __ __ __.

0010 （SNS に）入れてくれてありがとう。
> Thanks for __ __.

Track **001**

Are you on Twitter?
Are you on ...（SNSの名前）? で「…をやっていますか？」。

How many followers do you have?
SNSのフォロワーとは「(あなたの) 情報を随時チェックする人」を指します。

Are you on LINE?
TwitterなどSNSの場合は前置詞onを使います。

Let's talk on LINE.

Are you on Instagram?
do Instagramでも「インスタをやる」になります。

It's a great Instagram shot!
最近の言葉Instagrammableなら1語で「インスタ映えする」という意味に。

Do you have a Facebook account?

What's your username?

I'll send you a friend request later.
send a friend requestで「友達申請する」。

Thanks for adding me.
「(SNSのメンバーに) 加える」はaddを使います。

1 相手と親しくなる

2 案内する

3 趣味の話で盛り上がる

4 誘う・約束する・会う

5 気持ちを伝える

Chapter 1 | 最初のひとこと

0011　ちょっと時間ありますか？
> Do you _ _ _ ?

0012　さほど時間はかかりません。
> It won't _ _.

0013　すみません。
> Excuse _.

0014　すみません、お忙しいところ。
> Sorry, I know _ _.

0015　ちょっと教えてもらえますか？
> Could you _ _ _ ?

0016　何か私ができることはありますか？
> Is there anything _ _ _ _ _ ?

0017　どうなってるの？
> What's _ _ ?

0018　どうかしましたか？
> What's _ _ ?

0019　大丈夫ですか？
> Are you _ ?

0020　何が起きてるの？
> What's _ ?

14

Do you have a minute?
Do you have a moment? や Are you free now? でも OK です。

It won't take long.

Excuse me.
「失礼します、ごめんなさい」の意味でも使います。

Sorry, I know you're busy.

Could you tell me something?
「何か教えてもらえますか？」→「ちょっと教えてもらえますか？」と解釈。

Is there anything I can do for you?
Is there anything ...? で「…はありますか？」。

What's going on?
「何が進んでいるの？」→「どうなってるの？」となります。

What's the problem?
「問題は何？」→「どうしましたか？」となります。

Are you okay?

What's happening?
What's going on? と同様に、今起きていることをたずねるフレーズです。

Chapter 1 | あいさつをする

0021 はじめまして。
> Nice to __ __.

0022 お久しぶりです。
> It's been __ __.

0023 調子はどうです？
> How are you __?

0024 相変わらず忙しそうですね。
> You seem __ __ __.

0025 週末はどうだった？
> How was __ __?

0026 何か変わったことは？
> What's __?

0027 どうしてた？
> How have you __?

0028 お会いできてよかったです。
> It was nice __ __.

0029 またお会いできるといいですね。
> We look forward __ __ __ __.

0030 また会いしましょう。
> See __ __.

Nice to meet you.
初対面の挨拶なら see ではなく meet を使います。

It's been a while.
It's been は It has been を省略した現在完了形です。

How are you doing?
How's it going? や How's everything? なども同じニュアンスになります。

You seem busy as usual.
as usual で「いつも通り」。

How was your weekend?

What's new?
Anything new? でも OK。

How have you been?
How have you been doing? なども同じニュアンスです。

It was nice meeting you.
別れ際の決まり文句です。

We look forward to seeing you again.
look forward to ...ing で「…を楽しみに待つ」。

See you again.

Chapter 1 | スマホをきっかけに

0031 ここ、ワイファイ（Wi-Fi）はつながる？
> Does this place _ _ ?

0032 Wi-Fi を持ってる？
> Do you _ _ ?

0033 あそこのカフェは Wi-Fi が使えます。
> That café _ _ .

0034 あそこならタダでスマホを充電できるよ。
> You can charge your _ _ _ _ .

0035 バッテリーがなくなりそうだ。
> My battery _ _ .

0036 スマホを充電しなきゃ。
> I need to _ _ _ .

0037 スマホをなくしたの？
> You've lost _ _ ?

0038 電話番号は？
> What's _ _ _ ?

0039 QR コードが読み取れない。
> I can't read the _ _ .

0040 スマホで決済できますか？
> Can I pay _ _ _ ?

Track **004**

Does this place have Wi-Fi?
Wi-Fi とは Wireless Fidelity の略で無線 LAN のこと。

Do you have Wi-Fi?
「無料の Wi-Fi はありますか？」なら Do you have free Wi-Fi? です。

That café has Wi-Fi.
「Wi-Fi が使える」は「Wi-Fi を持っている」と考えましょう。

You can charge your phone for free there.
「チャージする」はカタカナ英語のまま charge で OK。

My battery is dying.
be dying で「死にかける」「なくなりかける」。

I need to charge my phone.
「スマホ」は smartphone ですが、最近は phone と略すのが一般的。

You've lost your phone?
疑問文でなくても、会話なら語尾を上げてたずねれば OK。

What's your phone number?
最近は「スマホ」も phone なので、phone number で OK です。

I can't read the QR code.
「読み取る」は read を使えば通じます。

Can I pay with my phone?
「決済する」は「支払う」と考えましょう。

1 相手と親しくなる
2 案内する
3 趣味の話で盛り上がる
4 誘う・約束する・会う
5 気持ちを伝える

Chapter 1 | SNSの話題

0041 新しい動画をアップしたんだ。
> I uploaded a __ __.

0042 新しくアップしたのをチェックして！
> Check out __ __ __!

0043 これユーチューブ（YouTube）にのせるね。
> I'm going to __ __.

0044 ググってくれる？
> Can you __ __?

0045 ググってみるよ。
> I'll __ __.

0046 それブログ（blog）に上げるね。
> I'll post __ __ __ __.

0047 このスタンプすごくかわいい！
> This stamp is __ __!

0048 再生回数すごいね。
> It got __ __ __.

0049 きみはユーチューバー（YouTuber）？
> Are you __ __?

0050 好きなユーチューバーはいる？
> Do you have a __ __?

Track **005**

I uploaded a new video.
日本語としても定着した「アップする」は upload の略です。

Check out my new upload!
Check out ... で「…をチェックして」。

I'm going to YouTube this.
動詞の YouTube で「ユーチューブにのせる」「動画を撮る」です。

Can you google it?
google はもう英語の動詞として定着しています。

I'll google it.
I'll look it up online. でも OK。

I'll post it on my blog.
post で「上げる、投稿する」。

This stamp is so cute!

It got lots of views.
「再生」=「見ること」と考え view を使います。

Are you a YouTuber?
「ユーチューバー」= YouTuber はもうおなじみですね？

Do you have a favorite YouTuber?

1 相手と親しくなる

2 案内する

3 趣味の話で盛り上がる

4 誘う・約束する・会う

5 気持ちを伝える

21

Chapter 1 | 天気の話題

0051
いい天気ですね。
> Nice __ , __ __ ?

0052
いい天気が続いてます。
> Nice weather we're __ .

0053
また暑くなりそうだ。
> It looks like __ __ __ .

0054
この天気、信じられる？
> Can you __ __ __ ?

0055
また雨になりそう。
> It looks like __ __ .

0056
今日は雨になると思いますか？
> Do you think it's going __ __ __ ?

0057
明日は晴れるみたいです。
> It's going to __ __ __ .

0058
外は雨が降っています。
> It's __ __ .

0059
あまり天気がよくない。
> The weather isn't __ __ .

0060
今日はひどい天気だ。
> The weather today __ __ .

Nice day, isn't it?
「…ですね」と同意を求めるなら、付加疑問文を使いましょう。

Nice weather we're having.
Nice の代わりに Good にしても OK です。

It looks like another hot day.
この another は「またいつもと同じ」という意味の形容詞。

Can you believe this weather?
「この天気、信じられる？」→「信じられないよね？」と反語的に解釈しましょう。

It looks like rain again.

Do you think it's going to rain today?

It's going to be nice tomorrow.

It's raining outside.

The weather isn't very good.
not very good で「あまり…でない」。

The weather today is terrible.
terrible の代わりに bad や miserable でも OK です。

Chapter 1 | 街で困っている人に

0061 どちらへ行きたいんですか？
> Where would you _ _ _ ?

0062 ここまで歩いてきたんですか？
> Did you _ _ ?

0063 車で来たんですか？
> Did you _ _ _ ?

0064 そこまで連れていきましょうか？
> Would you like me to _ _ _ ?

0065 車で送りましょうか？
> Do you need _ _ ?

0066 タクシーを呼びましょうか？
> Should I _ _ _ ?

0067 これが地図です。
> Here's _ _ .

0068 よかったらこの地図をあげます。
> Take this map, _ _ _ .

0069 目印になるものはありますか？
> Are there _ _ ?

0070 Google マップでもわからないです。
> I can't _ _ _ Google Maps.

Where would you like to go?
Where would you like to ...? で「どこへ…したいんですか？」。

Did you walk here?

Did you come by car?
by car で「車で」。

Would you like me to take you there?
「私に…してもらいたいですか？」とたずねるなら Would you like me to ...?

Do you need a ride?
「車が必要ですか？」→「車で送りましょうか？」と考えましょう。

Should I call a taxi?
Can I ...? にしても OK です。

Here's a map.

Take this map, if you like.
if you like で「よかったら」。

Are there any landmarks?
landmark で「目印」。

I can't find it on Google Maps.
「わからない」は「見つからない」と考え、find を使いましょう。

Chapter 1 | 自己紹介をする

0071 お会いできてうれしいです。
> It's nice _ _ _.

0072 (お互いに) 自己紹介しましょう。
> Let's introduce _.

0073 自己紹介していいですか?
> May I _ _ ?

0074 前にお会いしましたか?
> Have we _ _ ?

0075 みんな私をジュンと呼びます。
> Everyone _ _ _.

0076 ジュンと呼んでください。
> Please _ _ _.

0077 ジュンと呼んでいいですよ。
> You can _ _ _.

0078 大阪の出身です。
> I'm _ _.

0079 大阪で生まれ育ちました。
> I was _ _ _ _ _.

0080 大阪生まれですが、育ったのは東京です。
> I was _ _ _, but I grew _ _ _.

It's nice to see you.
「久しぶりです」というニュアンスもあります。

Let's introduce ourselves.
この後に May I go first? と続ければ「先にいいですか?」。

May I introduce myself?
May I ...? で「…していいですか?」と許可を求める表現になります。

Have we met before?
名前が思い出せない人に。before は省略しても OK。

Everyone calls me Jun.
主語が Everyone なので、動詞は calls と3人称単数形です。

Please call me Jun.

You can call me Jun.

I'm from Osaka.

I was born and raised in Osaka.
be born and raised で「生まれ育った」。

I was born in Osaka, but I grew up in Tokyo.
grow up in ... で「…で育つ」。

Chapter 1 | スモールトーク

0081 どうぞ楽にしてください。
> Please make _ _.

0082 どうしてこちらへ?
> What _ _ _?

0083 こちらへは今回が初めてですか?
> Is this your _ _ _?

0084 オフィスはすぐ見つかりましたか?
> Were you able to _ _ _ _?

0085 スタッフが多いですね。
> You have a _ _.

0086 とてもステキなオフィスですね。
> Your office is _ _.

0087 会社の創立はいつですか?
> When was your company _?

0088 仕事はいかがですか?
> How's _?

0089 どれくらいお勤めですか?
> How long have you been _ _ _?

0090 こちらで何をされて(担当して)ますか?
> What do you _ _?

Please make yourself comfortable.

make oneself comfortable で「気楽にする」。

What brought you here?

「なぜこの国へ？」と来日の理由をたずねる時によく使う表現。

Is this your first time here?

Were you able to find the office easily?

You have a big staff.

「あなたはたくさんのスタッフを持っていますね」と解釈。

Your office is really nice.

相手と仲良くなる時は、何かしら先方のいい所を見つけてほめましょう。

When was your company established?

受動態の疑問文にします。

How's business?

How long have you been with the company?

勤続年数をたずねる時は現在完了形を使うのがポイント！

What do you do here?

「ここで何をしているのですか？」→「（この会社での）担当は？」。

Chapter 1 | 人を紹介する

0091 紹介したい人がいます。
> Let me _ _ _ _.

0092 鈴木さんを紹介させてください。
> I'd like to _ _ _ Ms. Suzuki.

0093 ケイトを紹介するよ。
> I'd like _ _ _ Kate.

0094 彼女は新入社員です。
> She's _ _.

0095 こちらは同僚の田中さんです。
> This is _ _, Mr. Tanaka.

0096 お噂はかねがね伺っています。
> I've heard so _ _ _.

0097 あなたが田中さんですね？
> So _ Mr. Tanaka?

0098 やっとお会いできました。
> It's so good _ _ _ _.

0099 私の名刺です。
> Here's _ _.

0100 名刺をいただけますか？
> Could I _ _ _?

Let me introduce you to someone.
「ある人を紹介させてください」と解釈しましょう。

I'd like to introduce you to Ms. Suzuki.
Suzuki-san と日本風に言っても OK。

I'd like you to meet Kate.
「ケイトに会ってもらいたい」→「ケイトを紹介するよ」となります。

She's new here.
... is new here で「…はここで新しいです」→「…はここの新人です」。

This is my co-worker, Mr. Tanaka.
co-worker で「同僚」。

I've heard so much about you.
「あなたのことはたくさん聞いている」→「お噂はかねがね伺っています」。

So you're Mr. Tanaka?
「ではあなたが田中さん?」→「あなたが田中さんですね?」というニュアンス。

It's so good to finally meet you.
「やっと」=「ついに」で finally を使います。

Here's my card.
正しくは business card ですが、略して card だけで OK。

Could I have your card?
Could I have ...? で「…をいただけますか?」。

31

1 相手と親しくなる

2 案内する

3 趣味の話で盛り上がる

4 誘う・約束する・会う

5 気持ちを伝える

Chapter 1 | 仕事を紹介する

0101
お仕事は何ですか？
> What do you _ _ _ _ ?

0102
ウェブデザイナーです。
> I'm a _ _ .

0103
IT 企業で働いています。
> I work _ _ _ _ .

0104
XYZ という会社に勤務しています。
> I work _ _ _ _ XYZ.

0105
営業を担当しています。
> I work _ _ _ _ .

0106
広告部の部長です。
> I'm _ _ _ the advertising department.

0107
ここで3年働いています。
> I've _ _ _ for three years.

0108
当社は 30 年前の創立です。
> This company was _ _ _ _ .

0109
彼がこのプロジェクトの担当者です。
> He's in _ _ _ _ .

0110
私は自営業です。
> I have _ _ _ _ .

What do you do for a living?

「生活のために何をしていますか？」→「仕事は何？」と解釈。for a living は略しても OK です。

I'm a web designer.

I work for an IT company.

work for ... で「…で働いている」。

I work for a company called XYZ.

「…と呼ばれる」と考え called を使います。

I work in the sales department.

department には「部署」という意味もあります。

I'm the manager of the advertising department.

the advertising department で「広告部」です。

I've been working here for three years.

This company was established 30 years ago.

「この会社は…年前に作られました」と受動態で表します。

He's in charge of this project.

be in charge of ... で「…の担当です」。

I have my own business.

「自分自身の仕事を持っている」→「自営業です」と解釈。

Chapter 1 | 電話のやりとり

0111 グリーンさんとお話しできますか？
> May I _ _ Ms. Green?

0112 ホワイトさんとお話したいのですが。
> I'm _ _ Ms. White.

0113 スミスさんにつないでもらえますか？
> Could you _ _ _ Mr. Smith?

0114 いただいたメールの件でご連絡しました。
> I'm _ _ _ _ I received.

0115 先ほどお送りしたファックスの件でご連絡しました。
> I'm _ _ _ _ I sent earlier.

0116 ホワイトさんからお電話をいただいたようです。
> I'm _ _ _ from Ms. White.

0117 ブラウンさんはいますか？
> Is Mr. Brown _ ?

0118 またあとでかけ直します。
> I'll _ _ _ .

0119 30分後にまたお電話します。
> I'll _ _ _ _ _ .

0120 電話があったことを彼に伝えてもらえますか？
> Could you tell _ _ _ ?

May I speak to Ms. Green?

I'm calling for Ms. White.
「ホワイトさんに電話しています」→「ホワイトさんとお話したいのですが」。

Could you connect me to Mr. Smith?
connect A to B で「A を B につなぐ」。

I'm calling about an email I received.
「いただいたメール」は an email I received です。

I'm calling about a fax I sent earlier.
「先ほどお送りした」は a fax I sent earlier と表現します。

I'm returning a call from Ms. White.
「…からの電話に折り返しています」→「…からお電話をいただいたようです」。

Is Mr. Brown there?

I'll call back later.

I'll call back in 30 minutes.

Could you tell him that I called?
「私が電話したと彼に伝えてくれますか？」→「電話があったことを彼に伝えてもらえますか？」となります。

Chapter 1 | 電話のやりとり

0121 伝言をお願いできますか？
> Could you _ _ _?

0122 お名前のスペルは？
> How do you _ _ _?

0123 会社名のつづりをお伺いできますか？
> Could I ask _ _ _ _ _ _?

0124 C-C-R です。
> It's _.

0125 営業時間を教えてもらえますか？
> What are your _ _?

0126 念のため電話番号を教えてもらえますか？
> Could I _ _ _, just in case?

0127 私の電話番号をお伝えします。
> I'll give _ _ _.

0128 準備はいいですか？
> Are you _?

0129 彼に伝言を残しました。
> I left _ _ _.

0130 彼にそれを確認するよう伝えてください。
> Please tell _ _ _ _.

Could you take a message?
take a message で「伝言を預る」。

How do you spell your name?
「どうやって名前をつづりますか？」→「お名前のスペル（つづり）は？」。

Could I ask how to spell your company name?
Could I ask ...? で「…をお伺いできますか？」という丁寧な質問に。

It's C-C-R.
社名を名乗るときは It's ... で始めましょう。

What are your business hours?
「営業時間」= business hours です。

Could I have your number, just in case?
just in case で「念のため」。

I'll give you my phone number.

Are you ready?

I left a message for him.
leave a message for ... で「…に伝言を残す」。

Please tell him to check it.

Chapter 1 | 電話のやりとり

0131 はい（こちら）、トムです。
> This __ __.

0132 XYZシステムズの高橋陽子です。
> XYZ Systems, Yoko Takahashi __.

0133 お待ちください。
> Please __ __.

0134 少々お待ちください。
> Please __ __ __ __.

0135 （彼女は）席をはずしております。
> She's __ __ __.

0136 あいにく別の電話に出ております。
> I'm __ __ __ __ __.

0137 3時まで外出しております。
> She'll __ __ __ __ untill 3:00.

0138 彼女はすぐ戻ると思います。
> I think __ __ __ __.

0139 すみませんが、ただ今昼食に出ております。
> Sorry, but she's __ __.

0140 彼女から折り返し電話させます。
> I'll have __ __ __ __.

This is Tom.
This is ...（こちら…です）は、電話をとる時の決まり文句。

XYZ Systems, Yoko Takahashi speaking.
最後に speaking をつけることで「…が話しています」という意味に。

Please hold on.
hold on で「（電話を切らずに）待つ」。

Please hold on for a moment.
for a moment で「しばらくの間」。

She's away from her desk.

I'm afraid she's on another line.
I'm afraid で「あいにく」、on another line で「他の電話に出ている」。

She'll be out of the office until 3:00.

I think she'll be back soon.

Sorry, but she's at lunch.
Sorry, but ... で「すみませんが…」。

I'll have her call you back.
使役動詞の have を使い、have ... call you back で「…に折り返し電話させる」。

Chapter 1 | 話しかける

0141 見た？
> Did you __ ?

0142 聞いてる？
> Have you __ ?

0143 何が起きたか聞いた？
> Did you __ __ __ ?

0144 聞いてよ！
> Listen __ __ !

0145 知ってる？
> Do you __ __ ?

0146 あのね（何だと思う？）。
> Guess __ ?

0147 何見てるの？
> What are __ __ __ ?

0148 何探してるの？
> What are __ __ __ ?

0149 これはどうかな。
> Here's __ __ .

0150 ちょっとこれ見てよ。
> You should __ __ .

Did you see?
噂話を始める時はこんなフレーズから。

Have you heard?
こう言われたら What?（何？）と答えるのがお約束。

Did you hear what happened?

Listen to this!
何か人に聞いてもらいたいことがある時の決まり文句。

Do you know something?
「何か知ってることがあるよね？」というニュアンス。

Guess what?
日本語の「なーんだ？」に近い言葉。

What are you looking at?
言い方によっては文句を言っているようにも聞こえるので要注意。

What are you looking for?
キョロキョロしている人に話しかける時のフレーズ。これも言い方によっては詰問調になります。

Here's an idea.
人に何か提案する時のフレーズ。

You should see this.
「これを見るべきだ」というより「ちょっとこれ見てよ」に近いニュアンス。

Chapter 1 | 家族について

0151 何人家族？
> How many members do you _ _ _ _?

0152 うちは4人家族です。
> There's _ _ _ _ _ _.

0153 きょうだいはいる？（兄弟か姉妹はいる？）
> Do you have _ _ _?

0154 3人きょうだいです。
> I'm one of _ _.

0155 両親と兄と私です。
> There's my parents, my older brother _ _.

0156 一人っ子です。
> I'm _ _ _.

0157 （家族は）母と私の二人です。
> It's just _ _ _ _.

0158 子供が二人います。
> I have _ _.

0159 家族はどこに住んでるの？
> Where do _ _ _ _ _?

0160 （家族は）みんなニューヨークに住んでいる。
> They all live _ _ _.

42

How many members do you have in your family?

「家族には何人のメンバーがいますか?」と考えましょう。

There's four people in my family.

There's ... in my family. で「うちは…人家族です」。

Do you have brothers or sisters?

Do you have (any) siblings? でも OK。

I'm one of three children.

きょうだいの人数に自分も含めて言います。

There's my parents, my older brother and me.

自分は I ではなく me になることに注意!

I'm an only child.

「ただ一人の子供です」→「一人っ子です」となります。

It's just my mom and me.

I have two children.

Where do your family members live?

家族全員ではなく「あなた以外の家族(のメンバー)は」というニュアンス。

They all live in New York.

Chapter 1 | 見知らぬ人に

0161 気分が悪そうですね。
> You don't __ __.

0162 よかったらここに座ってください。
> You can sit __ __ __ __.

0163 手伝いましょうか？
> Do you __ __ __?

0164 どちらへ（行くんですか）？
> Where __?

0165 （エレベーターで）大丈夫、まだ乗れますよ。
> Don't worry, there's __ __ __ __.

0166 何階ですか？（降りますか？）
> What __?

0167 私がボタンを押しましょう。
> I'll __ __ __.

0168 着きましたよ。
> Here __ __.

0169 お先にどうぞ。
> After __.

0170 どういたしまして。
> You're __.

You don't look well.
「気分よさそうに見えない」→「気分が悪そうですね」となります。

You can sit here if you want.
if you want で「よかったら」、何かを謙虚に提案する時のフレーズです。

Do you need some help?
疑問文でも some を使うことで「手伝いが必要ですよね？」というニュアンスに。

Where to?
これからどこへ行くかを聞く一番シンプルなフレーズ。

Don't worry, there's room for one more.
エレベーターなどで「空きがあるからまだ乗れますよ」と声をかける時のフレーズ。

What floor?
What floor are you going to? を略したもの。

I'll press the button.

Here we are.
目的地に着いた時の決まり文句。エレベーターの到着階でも使えます。

After you.
「あなたのあとで」→「お先にどうぞ」というニュアンス。

You're welcome.

Chapter 1 | 急に話しかけられて

0171
え？（ごめんなさい？） ＊1単語で
> S__?

0172
何？ ＊1単語で
> W__?

0173
えーっと（どれどれ）。
> Let's __.

0174
えーっと（ちょっと考えさせて）。
> Let __ __.

0175
ゆっくり話していただけますか？
> Could you __ __?

0176
もう一度おっしゃっていただけますか？
> Could you __ __ __?

0177
繰り返してもらえますか？
> Could you __ __?

0178
失礼ですが（もう一度言ってもらえますか？）。
> Pardon __?

0179
もっと簡単な言い方をしてもらえますか？
> Could you say it in a __ __?

0180
それを書いてもらえますか？
> Could you write __ __ __?

Sorry?

聞き返す時、相手の話がわからない時などに用います。Excuse me? もほぼ同じニュアンス。

What?

Let's see.

すぐ返事ができない時は、こんなフレーズで時間稼ぎを。

Let me think.

考える時間がほしい時の決まり文句。

Could you speak slowly?

Could you say that again?

もう一度同じ言葉を繰り返してもらいたい時の決まり文句。

Could you repeat that?

Pardon me?

Pardon? だけでも OK です。

Could you say it in a simpler way?

in a simpler way で「もっと簡単な方法で」。

Could you write it down for me?

何を言っているかわからない時は、こう言って紙に書いてもらいましょう。

疑問文の something

　Could you tell me something? で「ちょっと教えてもらえますか？」ですが、このフレーズを見て「あれ？」と思った人はいるでしょうか。

　おそらく学校では「疑問文や否定文の場合、something は anything に変える」と習ったことでしょう。でも先ほどの文は、疑問文なのに something を使っています。なぜでしょうか？

　実は「何かある」のを想定した時、ネイティブはあえて anything ではなく something を使います。そのため Could you tell me something? で「何か言ってもらえる？」→「何か知っているよね？」→「ちょっと（それを）教えてもらえますか？」となるのです。

　some も同様に、Do you need some help? なら「手伝いましょうか？（手伝いがいりますよね？）」、Do you want some coffee? なら「コーヒーいりますか？（いりますよね？）」というニュアンスに。

　ある意味、相手が Yes. と答えるのを見越した一歩先を行く聞き方と言えます。こんな some や something がサラッと使えたら、あなたの英語力も一人前です！

Chapter

2

案内する

Chapter 2 | 困っている人に

0181
どうしました？
> What __ ?

0182
どうかしましたか？（何か問題でも？）
> Is something __ ?

0183
気分は良くなりましたか？
> Are you __ __ ?

0184
お休みになりますか？
> Would you like __ __ ?

0185
お座りになりますか？
> Would you like __ __ __ __ ?

0186
どこへ行きますか？
> Where do you __ __ __ ?

0187
お急ぎですか？
> Are you __ __ __ ?

0188
手伝いましょうか？
> Would you __ __ __ ?

0189
英語を話せる人が必要ですか？
> Do you need someone __ __ __ ?

0190
どこへ向かってるんですか？
> Where are __ __ ?

What happened?
「何が起きたの？」と心配するニュアンスが含まれます。

Is something wrong?
何か matter（問題）がありそうな人にかける言葉です。

Are you feeling better?
調子が悪そうだった人にかける言葉です。Feeling better? だけでも OK。

Would you like to rest?

Would you like to have a seat?
人に have a seat と言えば「お座りください」と着席を促すフレーズに。

Where do you want to go?

Are you in a hurry?
in a hurry で「急いで」。

Would you like some help?
「助けがほしいですか？」→「手伝いましょうか？」と助けを申し出るフレーズに。

Do you need someone who speaks English?

Where are you headed?
行き先をたずねる時にネイティブがよく使う言い回し。

Chapter 2 | 道案内をする

0191 ここは渋谷です。
> This __ __.

0192 ここは新宿西口です。
> This is the West __ __ __ __.

0193 交番で聞くといいですよ。
> You should __ __ __ __ __.

0194 交番に連れて行ってあげます。
> I'll take __ __ __ __ __.

0195 原宿に行くなら、山手線に乗らないと。
> To get to Harajuku, you need to __ __ __ __ __.

0196 渋谷で乗り換えないと。
> You need to __ __ __ __.

0197 駅はあそこですよ。
> The station is __ __.

0198 道なりに行ってください。
> Just follow __ __.

0199 3分ぐらい歩くと右側にあります。
> Walk for three minutes and you'll __ __ __ __ __.

0200 次の信号を右に渡ってください。
> Turn right __ __ __ __.

This is Shibuya.

「ここは…です」は This is ... で OK。

This is the West Exit of Shinjuku Station.

You should ask at the police box.

You should ... で「…するといいですよ」という提案・助言に。

I'll take you to the police box.

To get to Harajuku, you need to take the Yamanote Line.

You need to ... で「…しないと（いけないです）」という指示に。

You need to change trains at Shibuya.

The station is over there.

over there で「あそこに」。

Just follow this road.

Stay on this road. や Just go on this road. でも同じニュアンスに。

Walk for three minutes and you'll see it on your right.

命令文＋and で「…すれば…です」。道案内でよく使う言い回しです。

Turn right at the next light.

traffic light（信号）は略して light のみで OK。

Track **020**

1 相手と親しくなる
2 案内する
3 趣味の話で盛り上がる
4 誘う・約束する・会う
5 気持ちを伝える

Chapter 2 | 道案内をする

0201 その店は通りの向かい側です。
> The store is on _ _ _ _ _ _.

0202 歩いて10分くらいで着きますよ。
> It's about a _ _.

0203 駅まで戻って反対側に行ってください。
> Go back to the station and then go _ _ _.

0204 この道を突き当たりまで行ってください。
> Go to the _ _ _ _.

0205 駅を背にして右側です。
> It's to the right with _ _ _ _ _.

0206 市役所を通り過ぎた所に花屋があるでしょう。
> There will be a flower shop after _ _ _ _ _.

0207 あの橋を通り過ぎると私の学校が見えます。
> You will see my school after _ _ _ _.

0208 4軒目が私の家です。
> My house is _ _ _.

0209 その橋を渡れば目の前に公園があります。
> When you cross the bridge, the park will be right _ _ _ _.

0210 そのコンビニで聞くといいですよ。
> You should ask at _ _ _.

The store is on the opposite side of the street.

It's about a 10-minute walk.
数字 -minute walk で「徒歩…分」、冠詞 a が付くことに注意!

Go back to the station and then go the other way.
the other way で「反対側」。

Go to the end of this road.
the end of this road で「この道の突き当たり」。

It's to the right with your back to the station.
with one's back to the station で「駅を背にして」。

There will be a flower shop after you pass the city office.

You will see my school after you pass that bridge.

My house is the fourth building.

When you cross the bridge, the park will be right in front of you.
right in front of ... で「…のすぐ前に、…の真正面に」。

You should ask at the convenience store.

Chapter 2 | 電車の乗り換え

0211
どうしたのですか?
> Can I _ _ ?

0212
ちょっと待ってください。
> Just _ _ .

0213
スマートフォンで確認します。
> I'll look it _ _ _ _ .

0214
次の駅で山手線に乗り換えてください。
> Change to the Yamanote Line _ _ _ _ .

0215
それから渋谷駅で、東横線の横浜行きに乗り換えてください。
> Then change to the Toyoko Line for _ _ _ _ .

0216
特急が一番速いです。
> The express train _ _ .

0217
特急には追加料金が必要です。
> You'll need to pay extra _ _ _ _ .

0218
この電車は新宿まで止まりません。
> This train doesn't stop until _ _ _ _ .

0219
高円寺で降りるなら各駅停車に乗り換えてください。
> If you're going to get off at Koenji, _ _ _ _ .

0220
小田急線はここから千代田線が乗り入れています。
> The Odakyu Line _ _ _ _ _ _ .

Can I help you?
人に声をかける時の定番表現。

Just a minute.
Wait a minute. でも OK。

I'll look it up on my phone.
look it up で「調べる」。

Change to the Yamanote Line at the next station.
change to ... で「…に乗り換える」、電車の乗り換え案内の定番表現です。

Then change to the Toyoko Line for Yokohama at Shibuya Station.

The express train is fastest.

You'll need to pay extra for the express train.
pay extra で「追加料金を払う」。

This train doesn't stop until it gets to Shinjuku.

If you're going to get off at Koenji, change to a local train.
local train で「各駅停車」。

The Odakyu Line becomes the Chiyoda Line from here.
become を電車に使えば「…線になる」→「…線に乗り入れる」という表現に。

Chapter 2 | 電車の乗り換え

0221 北千住に行きたいんですか？
> Do you want to _ _ _?

0222 町田から我孫子までこの電車で行けます。
> This train goes _ _ _ _ Machida to Abiko.

0223 代々木上原で乗り換えてください。
> Change _ _ _.

0224 この電車は周回します。
> This train _ _ _ _.

0225 次の駅で降りてください。
> Get _ _ _ _ _.

0226 30分くらいです。
> It _ _ _ _ _.

0227 日本の電車は時間に正確です。
> Japanese trains _ _ _.

0228 3時には着きますよ。
> You'll _ _ _ _.

0229 お手伝いできてよかったです。
> I'm glad _ _ _.

0230 いい1日を。
> Have _ _ _.

Do you want to go to Kita-Senju?

This train goes all the way from Machida to Abiko.
「乗り換えずに1本の電車でAからBまで行く」は go all the way from A to B。

Change trains at Yoyogi-Uehara.

This train goes around and around.
go around and around で「ぐるぐる回る」。

Get off at the next station.

It takes about 30 minutes.
時間がどれくらいかかるかを教えるなら It takes ... です。

Japanese trains run on time.
on time で「時間通りに」。

You'll get there by 3:00.
到着時間を教える時は、You'll get there by ... で「…までに着けます」。

I'm glad I could help.

Have a nice day.
別れ際の定番表現。Have a good day. でも同じニュアンスになります。

Chapter 2 | トイレを案内する

0231 トイレに行きますか？
> Do you need to _ _ _ _ ?

0232 あのコンビニでトイレを借りられますよ。
> You can use _ _ _ _ .

0233 コンビニにはトイレがあります。
> The convenience store _ _ .

0234 トイレを借りるなら店員に声をかけてください。
> You need to ask the clerk to _ _ _ .

0235 この近くにトイレはありません。
> There aren't _ _ _ _ .

0236 その公園に公衆トイレがあるみたいです。
> There should be _ _ _ _ _ .

0237 トイレは交番の隣です。
> The restrooms are _ _ _ _ _ .

0238 トイレは2種類あります。
> There are _ _ _ _ .

0239 洋式トイレと和式トイレがあります。
> There are Western-style toilets and _ _ .

0240 和式トイレでいい？
> Is a Japanese-style _ _ _ ?

Do you need to go to the restroom?

toilet だと「便所」に近いニュアンスになるので restroom がオススメ。

You can use the restrooms at that convenience store.

You can ... は「…できますよ」と相手に何かを教える時の言い回しです。

The convenience store has restrooms.

「A に B がある」は A have B で表現できます。

You need to ask the clerk to use the restroom.

There aren't any restrooms around here.

There should be public restrooms in the park.

There should be ... で「…があるみたいだ」。

The restrooms are next to the police box.

next to ... で「…の隣」。

There are two kinds of toilets.

和式トイレと洋式トイレを紹介する時に。

There are Western-style toilets and Japanese-style toilets.

洋式トイレは Western-style toilets、和式トイレは Japanese-style toilets。

Is a Japanese-style toilet okay?

「…でいい？」と確認する時の一番簡単な言い方が Is ... okay?

Chapter 2 | 手助けする

0241 ネットで調べてみるね。
> Let me ___ ___.

0242 ググってみるね。
> Let me ___.

0243 誰かに聞いてみるね。
> Let me ___ ___.

0244 やってあげるよ。
> Let me ___ ___ ___ you.

0245 やり方を見せるね。
> Let me ___ ___ ___.

0246 手伝うよ。
> Let me ___ ___ ___ ___.

0247 書きますね。
> Let me ___ ___ ___ ___ ___.

0248 きみのスマホに入力するね。
> Let me type it ___ ___ ___.

0249 ついてきてくれる？
> Could you ___ ___?

0250 ここで自撮り棒は使えないよ。
> You can't use ___ ___ ___.

Let me check the Internet.
Let me ... で「…させて、…するね」。

Let me google it.
「ググる」は google it となります。

Let me ask someone.

Let me try it for you.

Let me show you how.
Let me show you how to ... とすれば「…のやり方を見せるね」。

Let me give you a hand.
give you a hand で「手伝う」。

Let me write it down for you.
言葉で通じない時は、こう言って書いてみせましょう。

Let me type it into your phone.

Could you follow me?

You can't use a selfie-stick here.
「自撮り」を selfie と言うことから、「自撮り棒」は selfie-stick となります。

should の意味、知ってますか?

あなたは次の文をどう訳しますか?

You should ask at the police box.

「あなたは交番で聞くべきだ」と訳した人がいるのではないでしょうか?

学校英語では、should を「…すべきだ」と強制の意味で教わったため、多くの日本人が You should ... を「あなたは…すべきだ」と訳します。

でも実際のネイティブのニュアンスはちょっと違い、私なら「交番で聞くといいよ」と、強制というより「…したほうがいいよ」という提案・助言のニュアンスで使います。

should は用法として「義務」や「当然の行い」を表しますが、実際の会話では「提案」や「助言」で使われることがほとんど。そのため人を案内する際、非常によく使うのです。

You should see this.
(ちょっとこれ見てよ)

こんなニュアンスを理解していると、英語を使うのが楽しくなりますよ!

Chapter

3

趣味の話で盛り上がる

Chapter 3 | 好みを聞く

0251 何に興味があるの？
> What are _ _?

0252 何をするのが好き？
> What do you _ _ _?

0253 何にハマってるの？
> What are _ _?

0254 ヒマな時は何をするの？（趣味は何ですか？）
> What do you do _ _ _ _?

0255 何か習いごとはしてる？
> Are you _ _ _?

0256 アニメは好き？
> Do you _ _?

0257 コミケに行ったことはある？
> Have you ever _ _ _ _?

0258 コミケにはよく行く？
> Do you _ _ Comic Markets?

0259 きみはコスプレイヤー？
> Are you _ _?

0260 私は『ワンピース』の大ファンです。
> I'm a big _ _ _.

What are your interests?

What are you interested in? でも同じ意味になります。

What do you like to do?

What are you into?

into には「…に夢中になって」という意味があります。

What do you do in your free time?

「ヒマな時は何をするの？」＝「趣味は何ですか？」というニュアンスでも使われます。

Are you taking any lessons?

「何かレッスンは受けている？」→「何か習いごとはしてる？」となります。

Do you like anime?

「アニメ」はそのまま anime で英語として通じます。

Have you ever been to a Comiket?

「コミケ」は今や Comiket という単語にもなっています。

Do you go to Comic Markets?

現在形を使うと習慣的な意味に。「コミケ」は略さないなら Comic Markets。

Are you a cosplayer?

何と cosplayer（コスプレイヤー）という英語もあります！

I'm a big *One Piece* fan.

big fan で「大ファン」です。

Chapter 3 | 映画について

0261 どんな映画が好きなの?
> What kind of _ _ _ _ ?

0262 それには誰が出てるの?
> Who's _ _ ?

0263 その映画のタイトルはわかる?
> Do you know _ _ _ _ _ ?

0264 監督は誰?
> Who's _ _ ?

0265 どこで見たの?
> Where _ _ _ _ ?

0266 主演女優の名前は何だった?
> What was the name _ _ _ _ ?

0267 彼女の名前はわかる?
> Do you _ _ _ ?

0268 ググるから彼女の名前を教えて!
> Tell me her name so I can _ _ !

0269 どんな映画にハマってるの?
> What kind of _ _ _ _ ?

0270 それのオンラインのレビュー、良くなかったよ。
> The online reviews for _ _ _ _ .

What kind of movies do you like?

What kind of ... do you like? で「どんな…が好き？」。

Who's in it?

「出演する」は in で表します。

Do you know the title of the movie?

Who's the director?

簡単に「…は誰？」と聞くなら、Who's ...?

Where did you see it?

目的語を忘れずに！

What was the name of the main actress?

Do you know her name?

Tell me her name so I can google it!

「ググる」＝「検索する」は google を使いましょう。

What kind of movies are you into?

What kind of ... are you into? で「どんな…にハマってるの？」。

The online reviews for it were bad.

「オンラインのレビュー」はそのまま online review で OK。

Chapter 3 | ペットについて

0271 ネコ好きですか?
> Are you a _ _ ?

0272 イヌ派? それともネコ派?
> Are you a _ _ or a _ _ ?

0273 うちのアパートでは猫を飼えないんです。
> I can't _ _ _ _ _ .

0274 あなたの犬、すごくきれいね!
> Your dog is _ _ !

0275 犬を何匹飼っているんですか?
> How many _ _ _ _ ?

0276 犬種は?
> What _ _ _ ?

0277 猫の名前は?
> What's _ _ _ ?

0278 あなたのオウムは何色?
> What _ _ _ _ ?

0279 オスですか? メスですか?
> Is it a _ _ _ _ ?

0280 何歳ですか?
> How _ _ _ ?

Are you a cat person?
なんと cat person で「ネコ派、ネコ好き」です！

Are you a dog person or a cat person?
どちらが好きかを聞くなら、こんな聞き方も OK！

I can't keep pets in my apartment.

Your dog is so beautiful!

How many dogs do you have?
How many ... do you have? で所有しているものの数をたずねることができます。

What breed is it?
breed で「飼育する」ですが、名詞で「品種、種類」という意味もあります。

What's your cat's name?

What color is your parrot?

Is it a boy or a girl?
「オスかメスか」は a boy or a girl で OK。

How old is he?
メスなら he ではなく she にしましょう。

Chapter 3 | ペットについて

0281 彼女（ペット）は人が大好きなんです。
> She _ _.

0282 彼（ペット）は自分が人間だと思っているんです。
> He thinks _ _ _.

0283 おたくの犬は何か芸ができますか？
> Can your dog _ _ _?

0284 おたくの犬はどこで寝ますか？
> Where does _ _ _?

0285 いつ猫に餌をやりますか？
> When do you _ _ _?

0286 あなたの亀にはどんな餌をやりますか？
> What do you _ _ _?

0287 あなたの犬には誰が餌をやりますか？
> Who _ _ _?

0288 彼女（ペット）はとても綺麗な目をしています。
> She _ _ _.

0289 犬の写真は何か持ってる？
> Do you have any _ _ _ _?

0290 その（ペットの）写真を見せてくれる？
> Could you _ _ _ _?

She loves people.
たとえペットでも主語は She や He を使います。

He thinks he's a person.
自分のことを人間だと思っているペットにはこのフレーズを！

Can your dog do any tricks?
なんと「トリック（trick）」には「芸当」の意味が！

Where does your dog sleep?

When do you feed your cat?
「餌をやる」は feed です。

What do you feed your turtle?

Who feeds your dog?
「誰が」なので Who を主語にして聞けば OK。

She has beautiful eyes.
「目」なので eyes と複数形にします。

Do you have any pictures of your dogs?

Could you show me some pictures?
Could you show me ...? で「…を見せてくれる？」。

Chapter 3 | サッカーについて

0291 何のスポーツが好き？
> What sports _ _ _?

0292 サッカーが好きだ。
> I _ _.

0293 どのチームが好き？
> What's _ _ _?

0294 バルセロナのファンだ。
> I'm a _ _.

0295 どの選手が好きなの？
> Who's _ _?

0296 メッシのファンなんだ。
> I'm a _ _ _.

0297 昨日、彼は2得点したよ。
> He scored _ _ _.

0298 何対何？
> What's _ _?

0299 3対1だ。
> 3 _ _.

0300 明日はサッカーの試合を観に行くんだ。
> I'm going to _ _ _ _ _.

What sports do you like?
What ... do you like? で「何の…が好き？」、… には複数形が入ります。

I love soccer.
アメリカ英語だと soccer ですが、世界的には football の方が多数派です。

What's your favorite team?
What's your favorite ...? で「好きな…は何？」。

I'm a Barcelona fan.
I'm a ... fan で「…のファンです」。

Who's your favorite player?
Who's your favorite ...? で「好きな…は誰？」。

I'm a fan of Messi.
I'm a fan of ... でも「…のファンです」になります。

He scored two goals yesterday.
score ... goal で「…得点する」。

What's the score?
「スコア」はカタカナ英語のままで OK。

3 to 1.
「…対…」という時の「対」は to を使います。

I'm going to see a soccer match tomorrow.

Chapter 3 | 野球について

0301 年に何回ぐらい野球の試合に行く？
> About how many baseball games do you ＿ ＿ ＿ ？

0302 試合の前は何をしたい？
> What do you want to ＿ ＿ ＿ ＿ ？

0303 好きな野球選手は誰？
> Who's your ＿ ＿ ＿ ？

0304 親子三代で巨人ファンです。
> I'm a ＿ ＿ ＿ .

0305 野球はやらないけど、見るのは好き。
> I don't play baseball, but I ＿ ＿ ＿ .

0306 ダルビッシュが三者三振だ！
> Darvish ＿ ＿ ＿ ＿ ！

0307 大谷が打席に登場だ！
> Ohtani is ＿ ＿ ＿ ！

0308 メジャーで大谷を見るのが楽しみだ。
> I'm looking forward to ＿ ＿ ＿ the majors.

0309 彼はピッチャーでありバッターだ。
> He's a pitcher ＿ ＿ ＿ ＿ ＿ .

0310 彼みたいな選手は今まで見たことがない。
> I've never seen a player ＿ ＿ ＿ .

About how many baseball games do you go to a year?
About how many ...? で「何回ぐらい…?」。

What do you want to do before the game?
最近は試合前のイベントやフードコートもお楽しみの1つです。

Who's your favorite baseball player?

I'm a third-generation Giants fan.
third-generation で「三世代」=「親子三代」となります。

I don't play baseball, but I like watching it.
like の後なので動詞は ing 形に。

Darvish struck out three batters!
strike out で「三振させる」、strike は不規則動詞で過去形は struck です。

Ohtani is up to bat!
up to ... で「…しようとして」、なので up to bat で「打席に登場する」。

I'm looking forward to seeing Ohtani in the majors.

He's a pitcher as well as a batter.
A as well as B で「A も B も」。

I've never seen a player like him before.
I've never seen ... before. で「今までに…を見たことがない」。

Chapter 3 | 食べ物について

0311 好きな食べ物は何？
> What's _ _ _ ?

0312 どうやってそれを好きになったの？
> How did you _ _ _ _ ?

0313 私は寿司がものすごく好き。
> I really _ _ .

0314 好きな食べ物はピザです。
> My favorite _ _ _ .

0315 何の料理を作るのが好き？
> What do you _ _ _ ?

0316 中華料理を作ります。
> I cook _ _ .

0317 昨日は何を食べた？
> What did you _ _ ?

0318 昨日はラーメンを食べた。
> I _ _ _ .

0319 趣味は食べることです。
> My hobby _ _ .

0320 いいレストランの情報をいつも探しています。
> I'm always looking for _ _ _ _ .

What's your favorite food?

How did you come to like it?
How did you come to ...? で「どうやって…するようになったの?」。

I really love sushi.
「ものすごく」は会話だと very より really を使うのが一般的。

My favorite food is pizza.
pizza は不可算名詞なので冠詞がいりません!

What do you like to cook?

I cook Chinese food.

What did you eat yesterday?

I ate ramen yesterday.
「ラーメン」もすでに ramen として英語圏ではおなじみです!

My hobby is eating.
「…すること」なので ing 形の eating です。

I'm always looking for information on good restaurants.

Chapter 3 | 旅行について

0321 休みの日はいつもどこへ行きますか？
> Where do you _ _ _ ?

0322 旅行する時はどんな所へ行きますか？
> Where do you go _ _ _ ?

0323 今まで訪れて一番良かった場所は？
> What's the best place _ _ _ ?

0324 北海道でスキーをします。
> I'm going to _ _ _ _ .

0325 バリへサーフィンをしに行きます。
> I'm going to _ _ _ _ .

0326 海外はハワイにしか行ったことがありません。
> Hawaii is the only place _ _ _ _ .

0327 エジプトのピラミッドに驚きました。
> I was amazed by the _ _ _ .

0328 アジアの国はほとんど行きました。
> I've been to _ _ _ _ _ .

0329 初めてアメリカに行きます。
> I'm going to go to _ _ _ _ _ .

0330 プーケットの海は本当にきれいでした。
> The beaches at Phuket were _ _ .

80

Where do you go on holidays?

「休みの日」は on holidays。現在形なので「いつも」のニュアンスに。

Where do you go when you travel?

What's the best place you've ever visited?

What's the best ... you've ever ...? で「今までに…した一番の…は何?」。

I'm going to go skiing in Hokkaido.

あらかじめ決まった予定を伝えるなら、I'm going to ... を使いましょう。

I'm going to go surfing in Bali.

Hawaii is the only place I've been to abroad.

I was amazed by the pyramids in Egypt.

I was amazed by ... で「…に驚いた」。

I've been to almost every country in Asia.

「ほとんど」は almost で表現しましょう。

I'm going to go to America for the first time.

「初めて」は for the first time。

The beaches at Phuket were really beautiful.

Chapter 3 | 本について

0331
1ヶ月に何冊、本を読む？
> How many books do _ _ _ _ _ ?

0332
どれくらい読書しますか？
> How much _ _ _ _ _ ?

0333
好きな作家は誰？
> Who's _ _ _ ?

0334
又吉直樹って誰（どんな人）？
> Who's _ _ ?

0335
又吉直樹の『火花』は読んだ？
> Have you _ _ _ _ ?

0336
どうだった？
> How _ _ ?

0337
読む価値はある？
> Is it _ _ ?

0338
映画の「火花」は見た？
> Did you see _ _ _ _ _ ?

0339
今回の芥川賞は誰が獲ったの？
> Who got the _ _ _ _ ?

0340
彼の本は英訳されてないと思う。
> I don't think his books _ _ _ _ _ _ .

How many books do you read in a month?

How many ... do you ... in a month? で「1ヶ月にどれくらい…しますか？」と回数をたずねる表現になります。

How much reading do you do?

How much ...? で量をたずねることができます。

Who's your favorite writer?

Who's Naoki Matayoshi?

どんな人かをたずねる時は Who's ...? で OK。

Have you read *Hibana* by Naoki Matayoshi?

現在完了形を使うと「読んだかどうか」の経験を確認できます。

How was it?

「どうだった？」と感想を聞く一番簡単な表現が How was it?

Is it worth reading?

Is it worth ...ing? で「…する価値はある？」。

Did you see the movie called *Hibana*?

Who got the Akutagawa Prize this time?

Who got ...? で「…は誰が獲ったの？」。

I don't think his books have been translated into English.

使いこなしたい、前置詞 into

into といえば「…の中に」ですが、ネイティブは他の意味でもよく使います。

では、次の英文はどんな意味になるでしょうか?

I'm into baseball.

これを「私は野球の中にいる」なんて訳したらアウト! この into は「…に夢中になって」で、I'm into … は「…にハマってるんだ」。そのため先ほどの文は、「野球にハマってるんだ」となります。

What kind of sports are you into?
(どんなスポーツにハマってるの?)

I'm into curling.
(カーリングにハマってるんだよ)

趣味の話をする時、よくこのようなやりとりを耳にします。では最後に、次の英文はどんな意味になるでしょう?

I'm into you.

いざという時にぜひ使ってください。「あなたに夢中なの」という意味です!

Chapter 4

誘う・約束する・会う

Chapter 4 | 予定を聞く

0341
お昼はもうすんだ？
> Have you _ _ ?

0342
ランチの時間はある？
> Are you _ _ _ ?

0343
お弁当持ってきた？
> Did you _ _ _ ?

0344
明日のランチはどうするつもり？
> What are _ _ _ _ _ ?

0345
今夜空いてる？
> Are you _ _ ?

0346
夕食はどうする？
> What are you _ _ _ ?

0347
今夜、夕食にこれる？
> Can you _ _ _ _ ?

0348
今晩飲む？
> How about a _ _ ?

0349
明日は忙しい？
> Are you _ _ ?

0350
今週末は何するの？
> What are you up _ _ _ ?

Have you had lunch?
「もうすんだ？」というニュアンスには現在完了形がぴったり。

Are you free for lunch?
Are you free for ...? で「…の時間はある？」。

Did you bring your lunch?

What are your plans for lunch tomorrow?
What are your plans for ...? で「…の計画は何？」→「…はどうするつもり？」。

Are you free tonight?

What are you doing for dinner?

Can you come for dinner tonight?

How about a drink tonight?
Why don't we go for a drink? でも同じ意味に。

Are you busy tomorrow?

What are you up to this weekend?
up to ... で「…しようと計画して」。

Chapter 4 | 誘う

0351 うちに来ない?
> How about _ _ ?

0352 ランチに行かない?
> How about _ _ _ ?

0353 ドライブに行かない?
> How about _ _ _ _ ?

0354 海にドライブに行こうよ!
> Let's go for a _ _ _ _ !

0355 週末バーベキューしない?
> Why don't we _ _ _ this weekend?

0356 今度会おうよ!
> Let's meet _ .

0357 いつか集まろう。
> Let's get together one of _ _ .

0358 集まりたい人はいる?
> Anyone interested _ _ _ ?

0359 今度みんなで集まらない?
> Why don't we all _ _ ?

0360 今週の土曜日ゴルフしない?
> Why don't we _ _ _ _ _ ?

How about coming over?
自宅に誘う時の定番表現。come over で「訪ねてくる」。

How about grabbing some lunch?
grab some lunch で「ランチをする」。

How about going for a drive?

Let's go for a drive to the beach!

Why don't we have a barbeque this weekend?
Why don't we ...? で「…しない？」。

Let's meet up.
meet up で「(人が人に) 会う」。

Let's get together one of these days.
get together で「集まる」。

Anyone interested in getting together?
interested in ... で「…に興味がある、…してみたい」。

Why don't we all get together?

Why don't we play golf this Saturday?

Chapter 4 | 誘う

0361 一緒に来る?
> Do you __ __ __ __?

0362 行こうよ。おごるよ。
> Come on. It's __ __.

0363 いい所(店)知ってるんだ。
> I know a __ __.

0364 いつもの所(店)でね。
> Same __ __ __.

0365 いい所(店)を見つけたんだ。
> I found a __ __.

0366 この近くに新しい所(店)があるんだ。
> There's a __ __ __ __ __.

0367 近くに中華料理店があるんだ。
> There's a __ __ __ __.

0368 誰か夕食か何かどう?
> Anyone __ __ __ __ __?

0369 私たちと一緒に京都に行く?
> Would you like to __ __ __ __ __?

0370 ゆっくりコーヒーでも飲んでいかない?
> Why don't you __ __ __ __?

Do you want to join us?
「私たちに参加したい？」→「一緒に来る？」というイメージ。

Come on. It's on me.
on me で「おごりで」。

I know a good place.
具体的な店や場所を知っている場合は place を使います。

Same place as always.
as always で「いつもの」。

I found a great place.

There's a new place near here.

There's a Chinese place close by.
There's a ... close by. で「近くに…がある」。

Anyone up for dinner or something?
up for ... で「…したい、…に乗り気で」なので、Anyone up for ...? で「誰か…したい人は？」。

Would you like to go to Kyoto with us?

Why don't you stay for some coffee?
stay for some coffee で「ゆっくりコーヒーを飲む」。

Chapter 4 | 約束する

0371 ロジャースさんにお会いしたいのですが。
> I'd like to make ___ ___ Mr. Rogers.

0372 直接お会いしたいです。
> I'd like to meet ___ ___.

0373 会う時間を決められるといいんだけど。
> I hope we can ___ ___ ___ ___ ___.

0374 打ち合わせできますか？
> Can we ___ ___ ___?

0375 スケジュールを確認するね。
> I'll ___ ___ ___.

0376 水曜日なら30分ほど時間がとれます。
> I'll have ___ ___ ___ ___ ___.

0377 そちらのオフィスでお会いできますか？
> Could I meet ___ ___ ___ ___?

0378 弊社に立ち寄ってもらえますか？
> Could you ___ ___ ___ ___?

0379 会議の時間を3時に変えられますか？
> Can you change the ___ ___ ___ ___?

0380 打ち合わせの日程を来週に変えられますか？
> Could we reschedule the ___ ___ ___ ___?

I'd like to make an appointment with Mr. Rogers.

I'd like to ... で「…したいです」、I want to ... より丁寧な言い方。

I'd like to meet you in person.

in person で「直接、面と向かって」。

I hope we can arrange a time to meet.

「ミーティングをアレンジするね」などと言う時の arrange を使います。

Can we have a meeting?

have a meeting で「打ち合わせをする」。

I'll check my schedule.

「スケジュールをチェックするね」をそのまま英語にすれば OK。

I'll have about 30 minutes on Wednesday.

Could I meet with you at your office?

Could you drop by our office?

drop by で「立ち寄る」。

Can you change the meeting time to 3:00?

Could we reschedule the meeting to next week?

「リスケ（スケジュール変更）する」の「リスケ」が reschedule です。

Chapter 4 | 日程を決める

0381
パーティの日程を決めよう。
> Let's fix the _ _ _ _.

0382
次回の ABC 社との打ち合わせはいつ？
> When are we _ _ _ _ ?

0383
1月31日で決定です。
> January 31 _ _.

0384
その時間は別の約束がある。
> I have _ _ _ _.

0385
今週の金曜日なら何時がいい？
> What time is _ _ _ _ _?

0386
金曜日は都合がつかない。
> I can't make _ _ _.

0387
水曜日の午後はどう？
> How about _ _?

0388
じゃあそうしよう。
> Let's _ _ _.

0389
今週はいつがあいてる？
> When's a good time _ _ _ _?

0390
明日の午前中は空いています。
> My schedule is _ _ _.

Let's fix the date for the party.
fix the date で「日程を決める」。

When are we meeting next with ABC?

January 31 is fixed.
予定などの確定には fix を使います。

I have another appointment at that time.
have another appointment で「別の約束がある」。

What time is good for you this Friday?
good for ... で「…に具合が良い」。

I can't make it on Friday.
make it で「都合をつける」。約束を取りつける際よく使う表現です。

How about Wednesday afternoon?

Let's go with that.
相手の提案に同意する際の決まり文句です。

When's a good time for you this week?

My schedule is open tomorrow morning.
「予定が空いている」は open を使います。

Chapter 4 | 約束を変更する

0391
ごめん、今日のミーティングに行けない。
> Sorry, I can't go _ _ _ _.

0392
ちょっと急用ができた。
> Something just _ _.

0393
いつ都合がつきそう?
> When can you _ _?

0394
待ち合わせの場所を変えられる?
> Could we _ _ _ _?

0395
明日、打ち合わせできる?
> Can we _ _ _ _?

0396
明日の会議は知ってる?
> Do you know about the _ _?

0397
時間は同じまま?
> Is the time _ _?

0398
予定を変えたら?
> How about _?

0399
約束をキャンセルしないといけない。
> I have to _ _ _.

0400
次回は必ず参加してね。
> Be sure to _ _ _ _ _.

Sorry, I can't go to the meeting today.
何か断る際は、まず謝罪しましょう。

Something just came up.
come up で「(問題などが) 持ち上がる、生じる」。

When can you make it?
「いつならいい？」というニュアンス。make it で「都合をつける」。

Could we change the meeting place?
meeting place で「待ち合わせ場所」。

Can we have the meeting tomorrow?
have the meeting で「打ち合わせをする」。

Do you know about the meeting tomorrow?

Is the time the same?

How about rescheduling?
「リスケ (reschedule) したら？」をそのまま英語にすれば OK。

I have to cancel our appointment.
I have to ... で「…しなくてはいけない」。

Be sure to come to the next one.
Be sure to ... で「必ず…する」。

Chapter 4 | 待ち合わせする

0401
今、行くね！
> I'm __!

0402
どのくらいかかる？
> How long _ _ _?

0403
今、会社を出た。
> I just _ _.

0404
今、向かってるところ。
> I'm _ _ _.

0405
もう少し早く来れない？
> Can't you get here _ _?

0406
もうすぐ着くよ。
> I'll be _ _.

0407
必ず電話してね。
> Make sure you _ _.

0408
遅れるよ。
> I'm going _ _ _.

0409
遅れても大丈夫、来てね！
> Don't worry if _ _, _ _!

0410
駅に着いたらメールして。
> Text me when you _ _ _ _.

I'm coming!

日本語では「行く」ですが、英語では相手から見た表現として come を使います。

How long will it take?

I just left work.

leave work で「会社を出る、退社する」。

I'm on my way.

be on one's way で「…の途中で」。

Can't you get here any sooner?

「…できない？」なので Can't you …? を使います。

I'll be there soon.

Make sure you call me.

Make sure … で「必ず…して」。

I'm going to be late.

Don't worry if you're late, just come!

Don't worry if … で「もし…しても大丈夫」。

Text me when you get to the station.

text で「メールを打つ」、最近使われるようになった動詞です。

Let's 以外にもある！
誘い文句のいろいろ

　誘い文句といえば、まず思い浮かべるのはLet's ... でしょう。しかしストレートに「…しよう」と誘うと、相手は Yes. か No. の2択しかなく、断りにくいもの。こんな時は、「相手に答えさせるフレーズ」を使うとスマートに誘えます。

- **What are your plans for ...?**
  (…はどうするの？)
  What are your plans for lunch tomorrow?
  （明日のランチはどうする？）

- **What are you doing for ...?**（…はどうする？）
  What are you doing for dinner?
  （夕食はどうする？）

- **What are you up to ...?**（…はどうするの？）
  What are you up to this weekend?
  （今週末は何するの？）
  ＊ up to ... で「計画して」

- **How about ...?**（…はどう？）
  How about a drink tonight?（今晩飲む？）
  ＊ Why don't you ...? も同じニュアンスになります。

Chapter

5

気持ちを伝える

Chapter 5 | 感謝する

0411
サポートしてくれてありがとう。
> Thank you _ _ _.

0412
手伝ってくれてありがとう。
> Thank you _ _ _.

0413
いいアドバイスをしてくれてありがとう。
> Thank you for _ _ _ _.

0414
思い出させてくれてありがとう。
> Thank you for _ _.

0415
すべてあなたのおかげです。
> It's all _ _ _.

0416
なんとお礼を言えばいいかわかりません。
> I don't know _ _ _ _ _.

0417
感謝してもしきれません。
> I can't _ _ _.

0418
役に立ててうれしいです。
> I'm glad I could be _ _.

0419
そんなの気にしないでください。
> Don't worry _ _.

0420
そんな必要はありません。
> There's no _ _ _.

Thank you for your support.
Thank you for ... で「…してくれてありがとう」。

Thank you for your help.
手助けへのお礼の決まり文句。

Thank you for giving me good advice.
give advice で「アドバイスする」。

Thank you for reminding me.
「リマインドしてね」の元の英語がこの remind です。

It's all thanks to you.
最大級のお礼の言葉。

I don't know how to thank you.

I can't thank you enough.
not thank someone enough で「(人) に感謝しきれない」。

I'm glad I could be of help.
be of help で「役に立つ」。

Don't worry about it.

There's no need for that.

Chapter 5 | ほめる

0421 さすが！
> Well __!

0422 やったね！
> Nice __!

0423 よかったよ！
> Not __!

0424 いいね！
> Sounds __!

0425 すごくいいね！
> How __!

0426 でかした！
> Good for __!

0427 感動したよ。
> I'm __.

0428 いい選択だね。
> Good __.

0429 うらやましい。
> Lucky __.

0430 がんばったね！
> Good __!

Well done!

「よくやった！」「さすが！」と相手をほめる時に使うフレーズ。

Nice going!

「うまい」「大したものだ」と相手をたたえる時に使います。

Not bad!

「悪くはない」→「よかったよ！」となります。

Sounds great!

「素晴らしく聞こえる」→「いいね！」。

How nice!

Good for you!

「うまいぞ！、でかした！、よくできた！」というニュアンス。

I'm moved.

I'm touched. も同じ意味になります。

Good choice.

Lucky you.

「きみは運がいいな」→「うらやましい」と解釈しましょう。

Good work!

Chapter 5 | 喜ぶ

0431 すごくうれしい！
> I'm so __ !

0432 そいつはいい（いい知らせだ）。
> That's good __ __.

0433 それは大したものだ！
> That's __ !

0434 最高にうれしい。
> I couldn't be __ __.

0435 この調子でね。
> Keep __ __ __.

0436 文句なしだ。
> I can't __.

0437 待ちきれない。
> I can't __.

0438 これ以上何を望める？
> What more could __ __ ?

0439 すごくワクワクしています。
> I'm so __.

0440 すごく楽しみだ！
> I'm really looking __ __ __ !

I'm so happy!

That's good to hear.
いいニュースを耳にした時の一言です。

That's something!
something には「大したもの、大切なもの」という意味もあります。

I couldn't be more pleased.
「これ以上ないくらいうれしい」→「最高にうれしい」となります。

Keep working on it.
Keep up the good work. と同じようなニュアンス。

I can't complain.

I can't wait.
「待ちきれない」→「すごく楽しみだ」というニュアンス。

What more could I want?
What more could I ask for? でも同じような意味に。

I'm so excited.

I'm really looking forward to it!

Chapter 5 | 驚く

0441 それは驚きだ。
> That's a __.

0442 わー、ビックリ!
> What a __!

0443 これは信じられない。
> This is __.

0444 まさか(信じられない)。
> I don't __ __.

0445 冗談言ってるの?
> Are you __?

0446 本当に(確か)?
> Are you __?

0447 どうして?(何で?)
> How __?

0448 嘘でしょ!(そんなの信じられない)
> I can't __ __!

0449 ウソ!(バカな!)
> No __!

0450 それは本当にビックリだ。
> I find that __ __.

That's a surprise.

There's a surprise. でも同じような意味になります。

What a surprise!

This is unbelievable.

I don't believe it.

言い方によっては、相手に不快感を表すニュアンスに。

Are you joking?

Are you kidding? も同じような意味になります。

Are you sure?

How come?

Why? よりカジュアルな聞き方です。

I can't believe it!

No way!

他に「絶対だめだ」「とんでもない」といった意味も。

I find that really surprising.

Chapter 5 | がっかりする

0451
ちょっとがっかりした。
> I was a _ _.

0452
期待外れだ。
> It wasn't quite _ _ _.

0453
すごくガッカリ！
> What a _!

0454
まったくついてないなぁ。
> Just _ _.

0455
私は運がない。
> I can't _ _ _.

0456
何もかもうまくいかない。
> Everything has _ _.

0457
ちょっと憂鬱な気分だ。
> I'm feeling _ _ _.

0458
ありえない！
> Absolutely _!

0459
そうでないといいんだけど。
> Hope _.

0460
一体何をやってるの？
> What on _ _ _ _?

I was a little disappointed.
It was a little disappointing. なら「(それは) ちょっとがっかりだ」。

It wasn't quite what I expected.
否定語 + quite で「完全に…ではない、すっかり…ではない」。

What a disappointment!

Just my luck.
反語的に使われ「なんて運だ」→「まったくついてないなぁ」。

I can't believe my luck.
「自分の運を信じられない」→「私は運がない」となります。

Everything has gone wrong.

I'm feeling kind of down.

Absolutely not!
「絶対に違う」→「ありえない」と全面否定になります。

Hope not.
I hope not. の短縮形で「私はそれを望みません」→「そうでないといいな」。

What on earth are you doing?
相手を責める嫌味な一言に。

Chapter 5 | がんばる！

0461
私がやります。
> I'll _ _.

0462
私にやらせて。
> Let _ _.

0463
了解。
> I've _ _.

0464
やってみます。
> I'll _.

0465
できるだけのことをやります。
> I'll do _ _ _.

0466
すぐやります。
> I'll get _ _ _.

0467
もっと頑張ります。
> I'll _ _.

0468
できます。
> I can _ _.

0469
精一杯やりました。
> I did _ _.

0470
間違いありません。
> I'm _.

I'll do it.
自らすすんで何かをやる時の一言。

Let me try.

I've got it.
get it で「了解する」。

I'll try.

I'll do what I can.
「できる限りの努力はします」というニュアンス。

I'll get right on it.
get right on ... で「ただちに…に取り掛かる」。

I'll try harder.
注意されたりした時は、比較級の harder を使ってやる気を見せましょう。

I can do it.
Can do. と短縮形にしても OK。

I did my best.

I'm positive.
「私は確信している」→「絶対だよ」と断言するニュアンスに。

Chapter 5 | 確認する

0471
そうでしょう？
> Am I __?

0472
そうなの？（あなたがやったの？）
> You __?

0473
そうだよね。
> I'll __

0474
誰が言ってたの？
> Says __?

0475
それは本当？
> Is that __?

0476
それどうやったの？
> How did you __ __?

0477
何で知ってるの？
> How do you __ __?

0478
何かあるの？
> Is something __ __?

0479
と言うと？（どういう意味？）
> What do __ __?

0480
そうしてもらえますか？
> Could you __ __?

Am I right?
「正しいでしょう?」→「そうでしょう?」と念を押すニュアンス。

You did?
「きみが?」「やったの?」と気軽に確認するひとことです。

I'll say.
「そのとおり」「まったくだ」と同意のニュアンスがあります。

Says who?
聞き捨てならないことを耳にして聞き返すフレーズ。

Is that right?

How did you do that?

How do you know that?
Why だと詰問調になりますが、How なら単純な疑問に聞こえます。

Is something going on?
go on で「発生する」「進む」。

What do you mean?

Could you do it?
Could you ...? で「…してもらえますか?」という丁寧な聞き方に。

Chapter 5 | 同意する

0481 なるほど。
> I __.

0482 いいよ。
> All __.

0483 わかってるって。
> I __.

0484 もちろん。
> Of __.

0485 大丈夫だよ。
> No __.

0486 かまわないよ。
> Not __ __.

0487 どうりで。
> No __.

0488 いいね。
> Sounds __.

0489 同感。
> Same __.

0490 それは確実だ。
> I'm sure __ __.

I see.
「そうなんだ」「なるほどね」というニュアンスのあいづちです。

All right.
気軽に何かを引き受けるときのフレーズ。

I know.

Of course.
Sure thing. でも同じ意味になります。

No problem.
「問題ないから大丈夫」というニュアンス。

Not at all.
「『少しも…ない』から大丈夫」と覚えるといいでしょう。

No wonder.
「不思議はない」→「どうりで」。

Sounds good.

Same here.
「こちらにも同じものを」と料理を注文する際にも使えます。

I'm sure of it.
I'm sure. だけでも OK。

Chapter 5 | 同意する

0491 絶対そうだよ。
> You can __ __.

0492 確かに。
> Good __.

0493 それもそうだ。
> Good __.

0494 私も。
> Me __.

0495 その通り。
> Good __.

0496 別にいいよ。
> No __.

0497 まさしくその通り。
> It __ __.

0498 おっしゃる通り。
> You're right __ __.

0499 ようやくわかったよ。
> Now I'm __ __.

0500 同意します。
> I __.

You can be sure.
自分の発言に 100% 自信を持っている時に使います。

Good point.
納得できる意見を聞いた時、思わず口にするひとこと。

Good thinking.
相手の気の利いたアイデアに、思わず同意する時のフレーズ。

Me too.

Good guess.
「いい推測だ」→「その通り」「あたり」というニュアンス。

No need.
「その必要はないよ」→「別にいいよ」となります。

It sure is.
「それは間違いないです」→「まさしくその通り」。

You're right about that.
about that がつくことで「それに関しては」というニュアンスになります。

Now I'm with you.
「ようやくあなたに同意できる」→「ようやくわかったよ」というイメージ。

I agree.
最近は「アグリーです」なんてカタカナ語を使う人もいるようです。

Chapter 5 | あいまいに返事をする

0501 まあね。
> Sort __ .

0502 どうだろう。
> I'm not __ .

0503 よくわからないな。
> Beats __ .

0504 多分ね。
> I __ .

0505 さあね。
> Can't __ .

0506 ちょっと待ってて。
> Hold __ .

0507 ちょっと言ってみただけ…。
> Just __ ...

0508 ううん、あんまり。
> Not __ .

0509 さあ、わからない（いい質問だ）。
> Good __ .

0510 そうかもね。
> Could __ .

Sort of.
「多少ね」「いくらかね」と相手の言葉を遠回しに認めるフレーズ。

I'm not sure.
今一つ確信できない時のひとこと。

Beats me.
beat には「(人を) 参らせる」の意味があります。

I suppose.
suppose には「たぶん…でしょう」というニュアンスがあります。

Can't say.
「(どうとは) 言えないな」→「どうだろう」「さあね」というニュアンス。

Hold on.

Just saying…
「確実とは言えないけど、怪しいな…」という時に使うフレーズ。

Not really.
ストレートに No. と言わずあいまいに断る時のひとこと。

Good question.
「(答えようがない) いい質問だ」→「さあ、わからない」とはぐらかす時のひとこと。

Could be.
「その可能性がある」→「そうかもね」「ひょっとしたらね」という意味。

Chapter 5 | お願いする

0511 ここでタバコを吸ってもいいですか？
> Can I _ _ ?

0512 ちょっとお聞きしてもいいですか？
> Can I _ _ _ ?

0513 手伝ってもらえますか？
> Could you _ _ ?

0514 伝言をお願いできますか？
> Could you _ _ _ ?

0515 電話番号を教えてもらえますか？
> Could you _ _ _ _ ?

0516 何曜日か教えてもらえますか？
> Could you _ _ _ _ _ _ ?

0517 電話を借りてもかまいませんか？
> Do you mind _ _ _ _ _ ?

0518 この傘をお借りしてもかまいませんか？
> Do you mind _ _ _ _ _ ?

0519 すみませんが、もう一度言ってもらえますか？
> Excuse me, but _ _ _ _ ?

0520 すみませんが、ペンを持っていますか？
> Excuse me, but _ _ _ _ _ ?

Can I smoke here?

気楽な間柄で聞くひとこと。見知らぬ人には Do you mind if I ...? を使ったほうがいいでしょう。

Can I ask you something?

聞くことが「ある」ので疑問形でも something を使います。

Could you help me?

Could you take a message?

take a message で「伝言を預かる」。

Could you tell me your number?

Could you tell me what day it is?

what day it is で「何日」ではなく「何曜日」です。

Do you mind if I use your phone?

Do you mind if I ...? で「…したら気にしますか？」→「…してもいいですか？」。

Do you mind if I borrow this umbrella?

Excuse me, but could you repeat that?

Excuse me, but could you ...? で「すみませんが…してもらえますか？」。

Excuse me, but do you have a pen?

気持ちを伝える「かくしワザ」

　この本ならではの「かくしワザ」をお伝えしましょう。文の終わりに「おまけの一言」をつけるだけで、よりネイティブっぽく気持ちを表現できます。かなり「こなれた風の英語」に聞こえるので、使わない手はありません！

・..., okay?（…でいい？）
I'll be right back, okay?（すぐに戻る、いいね？）

・..., then?（じゃあ…なんだ？）
He isn't coming, then?
（じゃあ、彼は来ないってことだね？）

・..., right?（…だよね？）
This is your phone, right?
（これ、きみのスマホだよね？）

・..., yeah?（…だよね？）
He's a great guitarist, yeah?
（彼、すごいギタリストだよね？）

・..., don't you think?（そう思わない？）
You should clean your room, don't you think?
（部屋を掃除したほうがいいよ、そうでしょ？）

Chapter

6

同情・忠告・断る・怒る

Chapter 6 | 同情する

0521	気の毒に。 > That's __ __.
0522	ああ、かわいそうに！ > Oh, poor __!
0523	なんて運のない！ > How __!
0524	それは大変だ。 > That's __.
0525	運が悪い。 > Bad __.
0526	それは運が悪かっただけだよ。 > It's just __ __.
0527	本当に運が悪かったね。 > That's really __.
0528	気持ちはわかるよ。 > I know __ __.
0529	彼女、かわいそうに。 > I feel __ __ __.
0530	それは気の毒に。 > I'm sorry __ __ __.

That's too bad.
「それは最悪」→「気の毒に」というイメージ。

Oh, poor thing!
気の毒な話などを聞いた時のひとこと。

How unfortunate!

That's terrible.
「ひどい、大変だ、残念だ」など、さまざまな状況で使えるひとこと。

Bad luck.

It's just bad luck.
「ただ運が悪かっただけ」→「気にしないで」というニュアンス。

That's really unfortunate.
相手の気持ちを思いやるひとこと。

I know the feeling.

I feel sorry for her.
feel sorry for ... で「…をかわいそうに思う」。

I'm sorry to hear that.
「それを聞いて気の毒に思う」→「それは気の毒だ」。

Chapter 6 | 気づかう

0531
おだいじに。
> Bless __.

0532
大丈夫？
> Are you __ __?

0533
気分は大丈夫？
> Are you __ __?

0534
心配しないで。
> Don't __.

0535
きっと全部大丈夫だよ。
> I'm sure __ __ __.

0536
何に悩んでるの？
> What's __ __?

0537
心配事があるみたいだね。
> You look __.

0538
気楽にね。
> Take __ __.

0539
働き過ぎないでね。
> Don't work __ __.

0540
いつもきみの味方だよ。
> I'm always __ __ __.

Bless you.
人がくしゃみをした時、このひとことをかけます。

Are you all right?
体調が悪かったり、何かトラブルがありそうな人にはこんなひとことを。

Are you feeling OK?
気分が悪そうな人にかけるフレーズです。

Don't worry.

I'm sure everything is OK.
I'm sure ... で「きっと…だ」と何かを確信している表現になります。

What's worrying you?
「何があなたを悩ませてるの?」→「何に悩んでるの?」となります。

You look worried.
You look ... で「…みたいだね」となります。

Take it easy.

Don't work too hard.
働き過ぎで疲れている人にはこんなひとことを。別れ際のあいさつです。

I'm always on your side.
be on your side で「あなたの側にいる」→「あなたの味方だよ」。

Chapter 6 | 悩みを聞く

0541
どうしたの？
> What's on __ __?

0542
全部話してみなよ。
> Tell __ __.

0543
何か心配事でも？
> Is there something __ __ __?

0544
彼女に話してみたら？
> Why don't you __ __ __?

0545
話があるんだ。
> We need __ __.

0546
こんな風に考えなよ。
> Think of it __ __.

0547
頑張り過ぎだよ。
> You work __ __.

0548
心配し過ぎだよ。
> You worry __ __.

0549
私だったらそんなことしないな。
> I wouldn't __ __.

0550
私がきみならそうするよ。
> I would if __ __ __.

What's on your mind?

「心に何かあるの？」→「どうしたの？」というイメージ。

Tell me everything.

Is there something on your mind?

What's on your mind? よりややかしこまった言い方。

Why don't you talk to her?

Why don't you ...? で、「…したら？」という提案に。

We need to talk.

「話をする時間をとってほしい」とお願いする時のフレーズ。

Think of it this way.

考えすぎる人にもっと気を楽にするよう提案する時のひとこと。

You work too hard.

残業続きの人に、たまにはこんな声をかけましょう。

You worry too much.

この後に It'll be okay.（大丈夫だよ）と続けるのがネイティブ流です。

I wouldn't do it.

「私だったら」と立場を置き換えてアドバイスする時に。

I would if I were you.

if I were you で「もし私があなたの立場なら」。

Chapter 6 | アドバイスする

0551 そのままでいいよ。
> Leave it ___ ___ ___.

0552 私の考えを言わせて。
> Let me tell you ___ ___.

0553 あなたならどうしますか?
> What would ___ ___?

0554 それが一番だよ。
> It's for ___ ___.

0555 それがきみにとって一番だよ。
> It's the ___ ___ ___.

0556 私が間違えているかな?
> Do you think ___ ___?

0557 大丈夫?(いい?)
> Is ___ ___?

0558 私もそうでした。
> I've ___ ___.

0559 (私が言いたいこと)わかるよね?
> You know ___ ___ ___?

0560 (あなたの言いたいことは)わかります。
> I know ___ ___ ___.

Leave it as it is.
「放っておきな」というニュアンスも。

Let me tell you what I think.
Let me tell you ... で「…を言わせて(アドバイスさせて)」。

What would you do?
相手の意見をたずねる時の定番表現。

It's for the best.
「一番いい選択だ」という時に使うフレーズ。

It's the best thing for you.
「きみにとって」と限定するなら for you をつけましょう。

Do you think I'm wrong?
他の人にアドバイスを求める時に使うフレーズ。

Is it okay?
I need to leave early. Is it okay?(早く帰らなきゃ。いい?)などと使います。

I've been there.
「そこに行ったことがある」だけでなく、「私も経験しました」という意味にも。

You know what I mean?
相手に理解してもらえたかを確認する時に使うフレーズ。

I know what you mean.
You know what I mean?(わかるよね?)と言われたら、こう言いましょう!

Chapter 6 | 励ます

0561
何をそんなに心配してるの？
> What are you _ _?

0562
なんとかなるよ！
> Think _!

0563
大したことないよ。
> Big _.

0564
がんばって（気持ちを強く）。
> Stay _.

0565
大丈夫だよ。
> Trust _.

0566
またがんばって。
> Try _.

0567
よくあることだよ。
> That _.

0568
頑張れ！
> Go _ _!

0569
いつも通りでいいんだよ。
> Be _.

0570
万事オーライだ。
> Everything's _ _.

What are you worried about?
心配していることの原因をたずねるフレーズ。

Think positive!
「ポジティブに考えて」→「なんとかなるよ」「前向きに考えて」となります。

Big deal.
直訳の「大問題だ」を反語的に解釈して「大したことないよ」「どうでもいいさ」。

Stay strong.
「気を強く持って」→「がんばって」「しっかりね」というニュアンス。

Trust yourself.
「自分を信じて」→「大丈夫だよ」と人を勇気づけるフレーズ。

Try again.

That happens.
現在形のため習慣的な意味合いを含むので「よくあることだよ」となります。

Go for it!
「目標に向かって突き進め!」というニュアンスのフレーズ。

Be yourself.
Just be yourself. でも同じ意味に。

Everything's going smoothly.
「すべては順調だ」→「万事オーライだ」となります。

Chapter 6 | 断る

0571 それは無理だ。
> That's __ .

0572 絶対に無理。
> No __ .

0573 やめておくよ。
> Better __ .

0574 もちろんダメです。
> Certainly __ .

0575 それはできない相談だ。
> I can't __ __ .

0576 ごめんね、手伝えなくて。
> Sorry, I can't __ __ .

0577 何の役にも立てなくてごめんね。
> There's nothing we can __ __ __ .

0578 言いたかったのはそういうことではなくて…。
> That's not what __ __ .

0579 私はそんなことを言っているのではないんだ。
> That's not what __ __ __ .

0580 考えさせて。
> Let me think __ __ .

That's impossible.
「それは不可能です」→「それは無理だ」と即お断りする時のひとこと。

No chance.
「チャンスはない」→「可能性はない」→「絶対に無理だ」。

Better not.
I'd better not do that.（やめておいたほうがいいだろう）の短縮形。

Certainly not.
certainly で「確かに」なので、「確かにダメ」→「もちろんダメ」となります。

I can't do that.
can't を使うことで「無理だ」ということが強調されます。

Sorry, I can't help you.

There's nothing we can do to help.
何の手伝いもできない時はこんなひとことをかけましょう。

That's not what I meant.
自分の言いたいことが伝わらない時のフレーズ。

That's not what I'm talking about.
誤解をとく時は、まずこう切り出しましょう。

Let me think about it.
「検討させてほしい」という時のひとこと。

Chapter 6 | イライラしたとき

0581
ちゃんと聞いて。
> Listen __ .

0582
好きにすれば。
> Suit __ .

0583
それはどうかな。
> I don't know __ __ .

0584
やばい！
> I can't __ __ !

0585
少しは気を遣ったら？
> Don't you care __ __ ?

0586
聞くんじゃなかった。
> Sorry __ __ .

0587
もうたくさんだ。
> I've had __ __ __ .

0588
聞こえてる？
> Do you __ __ ?

0589
知らないくせに。
> You don't __ __ .

0590
何もしてないくせに。
> You didn't __ __ .

Listen here.
話をきちんと聞いてもらいたい時はこのフレーズ！

Suit yourself.
suit で「(好みに) 合わせる」なので、「あなたに合わせて」→「好きにすれば」「勝手にしなさい」。

I don't know about that.
「それについてはわからない」→「それはどうかな」。

I can't believe this!
大変なことが起きた時に使うフレーズ。「こんなの信じられない！」→「やばい！」というイメージ。

Don't you care about anything?
care about ... で「…を気にする、心配する」。

Sorry I asked.
「聞くだけ損した」という嫌味が含まれています。

I've had enough of this.

Do you hear me?
「ちゃんと聞こえてるの？」「わかってる？」というやや嫌味なフレーズ。

You don't know that.
「よくわかっていないくせに（口出しするな）」と文句を言うなら。

You didn't do anything.
「何もしていないんだから（口出しするな）」というニュアンス。

Chapter 6 | 抗議する

0591 残念だよ。
> I'm sorry to _ _.

0592 誰に向かって話してるんだ？
> Who are you _ _?

0593 何を考えてたの？
> What _ _ _?

0594 本当だって！
> Believe _ _!

0595 全部わかってるわけじゃないのに！
> You don't _ _!

0596 何か気にさわること言った？
> Did I say _ _?

0597 何言ってるの？
> What are you _ _?

0598 誰がこんなこと考えたんだ？
> Whose idea _ _?

0599 まだ懲りないの？
> Have you had _?

0600 そんなことを言った覚えはない。
> I never _ _.

I'm sorry to hear that.
「それを聞いて残念だ」→「残念だよ」。

Who are you to talk?

What were you thinking?
ただ考えを聞くのではなく、糾弾するニュアンスがあります。

Believe you me!
Believe me. なら「信じてよ」ですが、you が入ると「信じてくれよ！」→「本当だって！」。

You don't know everything!
「あなたはすべてを知らない」→「全部わかってるわけじゃないのに！」。

Did I say something wrong?
「何か文句ある？」に近いケンカ腰のひとことです。

What are you talking about?

Whose idea was this?
Whose stupid idea was this?（誰がこんなバカなことを考えたんだ？）の短縮形。

Have you had enough?
何度も同じ失敗を繰り返すような相手に言うフレーズ。

I never said that.
政治家が使いそうなフレーズですね?!

Chapter 6 | 怒る

0601
どういうこと？
> How do you _ ?

0602
いちいち指図するな！
> Don't tell me _ _ _ !

0603
自分を何様だと思ってるんだ。
> Who do you _ _ _ ?

0604
正気?!
> You're _ _ _ !

0605
間違えたのはきみだ。
> I did say you _ _ .

0606
我慢できない！
> I can't _ _ !

0607
口ごたえするんじゃない！
> Don't talk _ _ _ !

0608
（その発言を）撤回しろ！
> Take _ _ !

0609
お前とは二度と話をしない！
> I'll never talk _ _ _ !

0610
自業自得だ！
> You asked _ _ !

How do you know?
「どうして知ってるの？」→「どういうこと？」というイメージ。

Don't tell me what to do!
「何をやるか言わないで」→「いちいち指図するな！」。

Who do you think you are?
日本語と同じような言い回しが英語にも！ 日本語からの直訳でOK。

You're out of your mind!

I did say you were wrong.
あえてdidを使うことで「間違えたのはきみだ」と強調しています。

I can't stand it!
standには「我慢する」という意味もあります。

Don't talk back to me!
talk back to ... で「…に口ごたえする」。

Take it back!
take back で「（言葉などを）取り消す、撤回する」。

I'll never talk to you again!

You asked for it!
ask for it で「自ら災難を招く、自業自得だ」。

神にまつわる喜怒哀楽

　同情や怒りといった喜怒哀楽を表す言葉には決まり文句が多く、使いこなせばかなり「できる風」に見られます。luck や fortune といった単語が出てくるのは、英語圏では神様が身近な存在だから。そこで間投詞的にさまざまな状況で使える、いかにもネイティブ風なフレーズを紹介しましょう。

・**Thank God!**（ありがたい！）

・**Thank goodness!**（ありがたい！）
　＊God の婉曲語として goodness を用いた表現。

・**Oh, my gosh!** （大変だ！、本当に?!）
　＊God の婉曲語として似た音の gosh を用いた表現。

・**Oh, my goodness!** （大変だ！、本当に?!）
　＊gosh と同じく God の代わりに用いる表現。

・**Heaven knows.**
　（神のみぞ知る、誰も知らないよ）
　＊Heaven の代わりに God を使っても OK。

・**Gosh!** （ヤバっ！）
　＊gosh 1 語だと日本語の「ヤバっ」に似たニュアンスに。

・**OMG!** （ヤバっ！）
　＊Oh, my God. を省略した SNS などでよく使うスラング。

Chapter

7

観光の英会話

Chapter 7 | 案内する

0611 どこから来たの？
> Where _ _ ?

0612 観光で来たの？
> Are you here _ _ ?

0613 日本はどう？
> How do _ _ _ ?

0614 日本は初めて？
> Is this your _ _ _ _ ?

0615 どんな仕事をしてるの？
> What type of _ _ _ _ ?

0616 どれくらい滞在するんですか？
> How long are _ _ _ _ ?

0617 どこを訪問しますか？
> Where would _ _ _ _ ?

0618 今日の予定は？
> Do you have _ _ _ ?

0619 この後どこへ行くの？
> Where are you _ _ _ ?

0620 時間はありますか？
> Will you _ _ ?

Where are you from?

出身地を聞く表現として、また移動の出発地点をたずねる表現にもなります。

Are you here for sightseeing?

for sightseeing で「観光で」。

How do you like Japan?

Is this your first time in Japan?

Is this your first time ... で「…は今回が初めてですか？」。

What type of work do you do?

What type of work ...? なので具体的な職種をたずねる表現に。

How long are you going to stay?

Where would you like to visit?

Do you have any plans today?

Do you have any plans? で「予定はありますか？」。

Where are you going after this?

このあとどこかへ誘いたい時に。

Will you have time?

have time で「時間がある」。

Chapter 7 | 日本文化について

0621 日本の家は今回が初めてですか？
> Is this your first time in _ _ _ ?

0622 ここで靴を脱いでください。
> Please take off _ _ _ .

0623 ここは靴を履いたままでいいですよ。
> You can keep _ _ _ _ .

0624 靴は玄関に置いたままでいいですよ。
> You can just leave _ _ _ _ _ .

0625 この座布団にお座りください。
> Please _ _ _ _ .

0626 日本の家は木をたくさん使います。
> Japanese houses _ _ _ _ _ .

0627 障子や襖は取り外しできます。
> You can remove _ _ _ _ .

0628 ちゃぶ台はとても便利です。
> The *Chabudai* is _ _ .

0629 この便座は温かくなります。
> This toilet seat _ _ .

0630 カラオケは日本発です。
> *Karaoke* _ _ _ .

Is this your first time in a Japanese home?

外国人を自宅に招く時は、まずこの質問から始めましょう。

Please take off your shoes here.

take off shoes で「靴を脱ぐ」。

You can keep your shoes on here.

You can just leave your shoes in the *genkan*.

玄関を指しながら genkan と言えば通じます。

Please sit on this cushion.

Japanese houses use a lot of wood.

障子や襖など、木をたくさん使う日本の家は、外国人には珍しいものです。

You can remove the *shoji* and *fusuma*.

You can remove ... で「取り外しできる」です。

The *chabudai* is really convenient.

This toilet seat heats up.

暖房温水便座は外国人にとって驚きです。ぜひこんな説明を！

Karaoke started in Japan.

「…が発祥」「…で始まった」は start を使いましょう。

Chapter 7 | 日本文化について

0631 日本酒は米からできています。
> *Sake* is _ _ _ _.

0632 味噌は大豆からできています。
> *Miso* is _ _ _ _.

0633 それはアンコといい、甘い豆でできています。
> It's called *anko* and it's _ _ _ _ _.

0634 基本的な和食は、ご飯と一汁三菜です。
> The basic Japanese meal is _, _ _ _ _ _ _ _.

0635 相撲は日本の伝統的なスポーツです。
> *Sumo* is a _ _ _ _.

0636 相撲を取る人を力士と言います。
> *Sumo* wrestlers are _ _.

0637 歌舞伎は17世紀の初めに始まりました。
> *Kabuki* started at _ _ _ _ _ _ _.

0638 忍者は15〜16世紀に日本に存在していた。
> *Ninja* existed around the _ _ _ _ _ _ _.

0639 富士山は日本の象徴です。
> Mt. Fuji is _ _ _ _.

0640 富士山の標高は3,776メートルです。
> Mt. Fuji is _ _ _.

Sake is made from rice.
be made from ... で「…からできている」。

Miso is made from soybeans.
be made from ... で原料を教えることができます。

It's called *anko* and it's made of sweet beans.
It's called ... で「…と呼ばれている」。

The basic Japanese meal is rice, soup and three side dishes.

Sumo is a traditional Japanese sport.
伝統的なものを紹介する時は traditional ... です。

Sumo wrestlers are called *rikishi*.
be 動詞＋ called で「…と呼ばれている」。

Kabuki started at the beginning of the 17th century.

Ninja existed around the 15th to 16th centuries in Japan.
「存在する」は exist を使います。

Mt. Fuji is a symbol of Japan.
「…は日本の象徴です」は ... is a symbol of Japan.

Mt. Fuji is 3,776 meters tall.
「標高」は「高さ」と同じなので tall を使います。

---

6 同情・忠告・断る・怒る

7 観光の英会話

8 間違えやすい和製英語

9 大人の英会話（恋愛）

10 メール・SNS

Chapter 7 | 日本文化について

0641
富士山は東京の南西約 100 キロにあります。
> Mt. Fuji is _ _ _ _ of Tokyo.

0642
日本の世界遺産は 20 あります。
> Japan has _ _ _ _ .

0643
日本には 47 の都道府県があります。
> Japan has _ _ .

0644
日本の人口は約 1 億 2700 万人です。
> The population of Japan is _ _ _ .

0645
東京、大阪、名古屋が三大都市です。
> Tokyo, Osaka and Nagoya are _ _ _ _ .

0646
京都は昔の日本の首都です。
> Kyoto is _ _ _ _ _ _ .

0647
京都には寺社がたくさんあります。
> Kyoto has a lot of _ _ _ .

0648
横浜は古くから貿易港として知られている。
> Yokohama is known for being _ _ _ _ _ .

0649
日本のお家芸は柔道です。
> Judo is a _ _ _ _ .

0650
2020 年のオリンピックは東京で開催される。
> The 2020 Olympics will _ _ _ _ .

Mt. Fuji is about 100 kilometers southwest of Tokyo.

Japan has 20 World Heritage Sites.

「世界遺産」は World Heritage Site です。

Japan has 47 prefectures.

「都道府県」ですが prefectures とすれば OK。

The population of Japan is about 127 million.

数字に注意！ million で「100万」なので 127 million になります。

Tokyo, Osaka and Nagoya are Japan's three biggest cities.

「大都市」は biggest city と表しましょう。

Kyoto is the old capital of Japan.

「首都」は capital です。

Kyoto has a lot of temples and shrines.

Yokohama is known for being an old trading port.

be known for ... で「…として知られている」。

Judo is a native sport of Japan.

native には「生まれた」という意味があるので、native sport of ... で「…発祥のスポーツ」＝「お家芸」と解釈。

The 2020 Olympics will be held in Tokyo.

「開催される」は be held です。

Chapter 7 | 感想を聞く

0651 京都はどうでした？
> How _ _?

0652 日本の旅はどうでした？
> How was your _ _?

0653 日本では何をしましたか？
> What did you _ _ _?

0654 何を楽しみましたか？
> What did _ _?

0655 日本はどうでしたか？
> How did you _ _?

0656 食べ物はどうでしたか？
> How was _ _?

0657 何か困ったことはありましたか？
> Did you _ _ _?

0658 日本のどこが気に入りましたか？
> Which part of Japan _ _ _?

0659 一番気に入った食べ物は？
> What food did you _ _ _?

0660 一番楽しかったことは何ですか？
> What did you _ _ _?

How was Kyoto?

How was ...? で「…はどうでした?」。

How was your visit to Japan?

What did you do in Japan?

What did you do in ...? で「…で何をしましたか?」。

What did you enjoy?

How did you like Japan?

How did you like ...? で「…はどうでしたか?」。

How was the food?

Did you have any problems?

Which part of Japan did you like?

Which part of ... did you like? で「…のどこが気に入りましたか?」。

What food did you like the best?

What ... did you like the best? で「一番気に入った…は?」。

What did you enjoy the most?

Chapter 7 | 海外のコンビニで

0661
牛乳はどこにありますか？
> Where can I _ _ _ ?

0662
シリアルはどの通路にありますか？
> Which aisle is _ _ _ ?

0663
賞味期限はいつですか？
> What's the _ _ ?

0664
レジはどこですか？
> Where's _ _ ?

0665
電子レンジはありますか？
> Do you have _ _ ?

0666
これを温めたいのですが。
> I want to heat _ _ .

0667
これを温めてもらえますか？
> Could you heat _ _ _ _ ?

0668
お箸をお願いします。
> _ , please.

0669
袋はいりません。
> I don't _ _ _ .

0670
ビニール袋を2枚ください。
> Two _ _ , please.

Where can I find the milk?

Where can I find ...? で「どこに…は見つけられますか？」→「…はどこにありますか？」。

Which aisle is the cereal in?

「通路」は aisle です。

What's the best-before date?

best-before date で「賞味期限（が切れる日）」です。

Where's the cashier?

英語では「レジ」ではなく cashier です。

Do you have a microwave?

「電子レンジ」は microwave です。「レンジ」では通じません！

I want to heat this up.

heat up で「温める」。

Could you heat this up for me?

Chopsticks, please.

「箸」は2本で1セットなので chopsticks と複数形にします。

I don't need plastic bags.

コンビニで「袋」といえば plastic bag（レジ袋）です。

Two plastic bags, please.

Chapter 7 | 海外の土産物店で

0671 土産物屋はどこですか?
> Where's _ _ ?

0672 今は何が人気ですか?
> What's popular _ _ ?

0673 人気のお土産は何ですか?
> What's a _ _ ?

0674 ここでしか買えない特産品はありますか?
> Are there any specialty products you can _ _ _ ?

0675 このワインを買いたいのですが。
> I'd like to buy _ _ .

0676 チョコを売ってる店を知っていますか?
> Do you know of any shops that _ _ ?

0677 見せていただけますか?
> Could you _ _ ?

0678 全部で100ドルくらいを考えていました。
> I was thinking of about _ _ _ .

0679 それは予算オーバーです。
> That's out of _ _ _ .

0680 3つ買うので、値引きしてもらえる?
> If I buy three, can you _ _ _ _ ?

Where's the souvenir shop?

souvenir shop で「土産物屋」。

What's popular right now?

「人気の」は popular です。

What's a popular souvenir?

何を買えばいいかわからない時は、このフレーズを使いましょう。

Are there any specialty products you can only buy here?

specialty product で「地元の特産品」。

I'd like to buy this wine.

I'd like to buy ... で「…を買いたい、…をください」。

Do you know of any shops that sell chocolates?

Do you know ...? で「…を知っていますか？」。

Could you show me?

指でさしながらこのように言えば OK。

I was thinking of about 100 dollars altogether.

検討していた事柄に対し、I was thinking of ... で「…を考えていました」。

That's out of my price range.

「予算」は「値段の幅」と考え price range です。

If I buy three, can you give me a discount?

値下げ交渉のフレーズ。If I buy ... で「…（個）買えば」。

Chapter 7 | 海外の土産物店で

0681
わあ、すごくお得ですね！
> Oh, what a __ __!

0682
なぜこれはそんなに安いんですか？
> Why is this __ __?

0683
お会計はどこですか？
> Where's __ __?

0684
プレゼント用にしてください。
> Please __ __.

0685
これをギフト用に包んでいただけますか？
> Could you gift-wrap __ __ __?

0686
すべて別々にギフト用に包んでもらえますか？
> Could you gift-wrap __ __?

0687
お勘定が間違っていると思います。
> I think the __ __ __.

0688
これを日本に発送したいです。
> I want to __ __ __ __.

0689
これを日本に発送してくれる？
> Can you __ __ __ __?

0690
いくらかかりますか？
> How much will __ __?

160

Oh, what a great deal!
deal には「掘り出し物、お買い得品」という意味もあります。

Why is this so inexpensive?
「割引されている」なので受動態を使いましょう。

Where's the checkout?
「レジはどこですか?」→「お会計はどこですか?」。

Please gift-wrap this.
gift-wrap で「プレゼント用に包装する」。

Could you gift-wrap this for me?
「ギフト用に包む」は gift-wrap を動詞として使います。

Could you gift-wrap everything separately?
「別々に」は separately です。

I think the total is wrong.
total is wrong で「会計が違う」。

I want to ship this to Japan.
ship で「発送する」。

Can you ship this to Japan?

How much will it cost?

Chapter 7 | 海外のレストランで

0691
待ち時間はどれくらいですか？
> How long is _ _ ?

0692
予約していないのですが、大丈夫ですか？
> Is it okay if I don't _ _ _ ?

0693
子どもと一緒ですが、いいですか？
> I have a child with me. _ _ _ ?

0694
4名用の席はありますか？
> Do you have a _ _ _ ?

0695
2名（のテーブルを）お願いします。
> A table _ _ , please.

0696
メニューを見せてもらえる？
> Can I _ _ _ ?

0697
チョッピーノとはどんなものですか？
> What's Cioppino _ ?

0698
地元の人に人気があるのはどの料理ですか？
> What food is _ _ _ _ ?

0699
ここ（店内）で食べます。
> I'll _ _ .

0700
持ち帰りでお願いします。
> To _ , please.

How long is the wait?

wait は名詞で「待ち時間」です。

Is it okay if I don't have a reservation?

Is it okay if ...? で「…でも大丈夫ですか?」。

I have a child with me. Is that okay?

Is that okay? で「それでもいいですか?」

Do you have a table for four?

Do you have a table for ...? で「…人用のテーブルはありますか?」。

A table for two, please.

A table for ..., please. で「…人用のテーブルをお願いします」。

Can I see the menu?

What's Cioppino like?

「…ってどんなものですか?」と聞くなら What's ... like? です。

What food is popular with the locals?

locals で「地元の人」。

I'll eat here.

eat here で「ここ(店内)で食事を取る」。

To go, please.

to go で「(飲食物が)持ち帰り用の」。

Chapter 7 | 海外のレストランで

0701
すみません、注文してもいいですか？
> Excuse me, can I _ _ ?

0702
これの食べ方を教えてもらえますか？
> Could you tell me how _ _ _ _ ?

0703
そのワイン、この料理に合いますね。
> The wine goes _ _ _ _ .

0704
どんな飲み物がありますか？
> What kind of _ _ _ _ ?

0705
このチキン、どれくらい辛いの？
> How spicy _ _ _ ?

0706
ランチセットには、飲み物が付いてきますか？
> Does the lunch set _ _ _ _ ?

0707
新しいお皿を何枚かもらえますか？
> Could you bring _ _ _ ?

0708
スプーンを落としました。
> I dropped _ _ .

0709
新しい物をいただけますか？
> Can I have a _ _ ?

0710
持ち帰り用の袋をいただけますか？
> Could I have a _ _ ?

Excuse me, can I order now?
人に声をかける時の定番表現といえば、Excuse me（すみません）です。

Could you tell me how to eat this?
how to eat ... で「…の食べ方」。

The wine goes well with these dishes.
go well with で「…と合う」。

What kind of drinks do you have?
What kind of ... do you have? で「どんな…がありますか？」。

How spicy is this chicken?
辛さの度合いをたずねる表現です。

Does the lunch set come with a drink?
come with ... で「…が付いている」。

Could you bring some new plates?

I dropped my spoon.
「落とす」は drop を使いましょう。

Can I have a new one?
指差しながら one と言えば相手にも通じます。

Could I have a to-go bag?
to-go bag で「持ち帰り用の袋」。

Chapter 7 | 海外のレストランで

0711 これを持ち帰り用にしていただけますか？
> Could you make this __ __?

0712 お手洗いはどこですか？
> Where's __ __?

0713 全部でいくらですか？
> How much is it __?

0714 すみません、お会計をお願いします。
> Excuse me. __, please.

0715 クレジットカードは使えますか？
> Do you take __ __?

0716 現金で払ってもいいですか？
> Can I __ __ __?

0717 現金で払います。
> I'd like to __ __ __.

0718 領収書をいただけますか？
> Could I have __ __, please?

0719 全部おいしかったです。
> Everything was __.

0720 また来ます。
> I come __ __.

Could you make this to go?
make ... to go「…を持ち帰り用にする」。

Where's the restroom?
toilet だと「便器」というニュアンスになるので restroom を使いましょう。

How much is it altogether?
altogether で「全部で」。

Excuse me. Check, please.
一番簡単なお勘定の仕方がこれ。

Do you take credit cards?
take credit cards で「クレジットカードの支払いを受けつける」。

Can I pay in cash?
pay in cash で「現金で支払う」。

I'd like to pay in cash.
支払いは現金かカードかを聞かれた時に。

Could I have a receipt, please?
have a receipt で「領収書をもらう」。

Everything was delicious.

I come back again.

Chapter 7 | 海外でのショッピング

0721 この2着を着てみたいです。
> I'd like to _ _ _ _.

0722 似合いますか？
> How do _ _ ?

0723 違う色のほうがいいですか？
> Should I _ _ _ _ ?

0724 サイズはこれでいいです。
> The size is _ _.

0725 色違いはありますか？
> Do you have it in _ _ ?

0726 これにします。
> I'll _ _.

0727 おいくらですか？
> How much _ _ ?

0728 やめておきます。
> I think _ _.

0729 あちらのお店のほうが安かったです。
> It was _ _ _ _ over there.

0730 値引きできませんか？
> Can you _ _ _ _ ?

I'd like to try these two on.
try on で「試着する」。

How do I look?
「どう見えますか?」→「似合いますか?」。

Should I try a different color?
Should I try ...? で「…してみた方がいいですか?」。

The size is all right.
all right で「大丈夫」なので、このような表現もできます。

Do you have it in another color?
洋服以外にもさまざまなものに対して使えます。

I'll take it.
take には「(商品を) 買う、選ぶ」という意味があります。

How much is it?

I think I'll pass.
I think ... をつけることで表現が和らぎます。

It was cheaper in that store over there.
こんなひとことが言えると値引き交渉も楽しめます。

Can you give me a discount?
give a discount で「割引する」。

Chapter 7 | 海外でのショッピング

0731
すみません、惣菜売り場はどこですか？
> Excuse me, where's the __ __?

0732
このマンゴー、おいしそうですね。
> This mango __ __.

0733
どのくらい鮮度がもちますか？
> How long does it __ __?

0734
このチーズはどんな味ですか？
> What flavor does __ __ __?

0735
試食してもいいですか？
> Can I __ __?

0736
一人分はどれくらいの大きさですか？
> How big is __ __?

0737
今日は何が特価ですか？
> What's __ __ today?

0738
このヨーグルトが特価なんですか？
> Is this yogurt __ __?

0739
おいしそうですね。
> That __ __.

0740
2階には何がありますか？
> What's on the __ __?

Track **074**

Excuse me, where's the deli section?
deli section で「惣菜売り場」、「売り場」は section で OK。

This mango looks delicious.
look delicious で「おいしそう」。

How long does it stay fresh?
「鮮度がもつ」は「新鮮なままでいる」と考え stay fresh と表現。

What flavor does this cheese have?
What flavor does ... have? で「…はどんな味ですか？」。

Can I taste this?
taste には「味見をする」という意味もあります。

How big is one serving?
serving で「(飲食物の) 一人分、一人前」。

What's on special today?
on special で「特価で」。

Is this yogurt on special?

That looks good.
look good を食品に対して使えば「おいしそう」。

What's on the second floor?
What's on the ... floor? で「…階には何がありますか？」。

---

6 同情・忠告・断る・怒る

7 観光の英会話

8 間違えやすい和製英語

9 大人の英会話（恋愛）

10 メール・SNS

You can ... でおもてなし！

外国人に日本の家を案内する際、覚えておくと便利なフレーズが You can ... です。
では次のフレーズは、どう訳せばいいでしょうか？

You can take photos here.

「あなたはここで写真を撮ることができます」でも間違いではありませんが、ネイティブのニュアンスとしては「ここで写真を撮れますよ」。

案内などをする際の You can ... は「…できますよ」という提案のニュアンスを含む、おもてなしにぴったりのフレーズになるのです。

You can get there by bus.
（そこへはバスで行けますよ）

一方、疑問文にして Can you …? と言うと、「…してもらえる？」と相手に依頼する言い回しに。

Can you go with me?

これも「私と一緒に行けますか？」というより、「一緒に行ってもらえる？」となります。

can なんて中学英語の最初の方で習う単語ですが、意外や意外、奥は深いのでご注意を！

Chapter

8

間違えやすい和製英語

Chapter 8 | オフィスの和製英語

0741 私は IT 企業のサラリーマンです。
> I'm an office worker _ _ _ _.

0742 ノートパソコンはカバンの中にあります。
> My _ _ _ _ _.

0743 明日の会議用にプリントを用意しなきゃ。
> I need to make _ _ _ _.

0744 ノルマは終わった?
> Have you met _ _ _ _?

0745 このアンケートに答えてください。
> Could you answer _ _?

0746 10 時にアポを取っています。
> I have a _ _.

0747 リストラされた。
> I got _ _.

0748 このソフトはあの店で買った。
> I bought this _ _ _ _.

0749 (飛行機で)ビジネスクラスへアップグレードした。
> I got an _ _ _ _.

0750 サイドビジネスでもうけた。
> I made some money _ _ _ _.

I'm an office worker at an IT company.

「サラリーマン」は和製英語なのでNG。あえて言うなら office worker ですが、このような場合 I work for an IT company. の方が英語として自然です。

My laptop is in my bag.

「ノートパソコン」は「ひざの上に載る大きさ」なので laptop と言います。

I need to make printouts for tomorrow's meeting.

英語の print は「印刷する」なので、正しくは handout または printout。

Have you met your work quota?

「ノルマ」の語源はロシア語、英語では quota です。

Could you answer this questionnaire?

「アンケート」はフランス語の enquête が語源、英語では questionnaire または survey。

I have a 10:00 appointment.

省略せず appointment と言わなければ通じません！

I got laid off.

「リストラ」は和製英語なのでNG、lay off（一時解雇する）を使いましょう。

I bought this software at that store.

「ソフト」と省略せず software と言わなければ通じません！

I got an upgrade to business class.

「アップグレード」は和製英語、正しくは upgrade です。

I made some money from my side job.

正しくは side job =「副業として商売すること」。

Chapter 8 | オフィスの和製英語

0751
日本にはフリーターが大勢いる。
> There are a lot of people in Japan who ＿ ＿ ＿ .

0752
面接用に新しいスーツが必要だ。
> I need a new suit for ＿ ＿ ＿ .

0753
ゲームのメリットとデメリットを教えて。
> Tell me the ＿ ＿ ＿ of the game.

0754
ドクターストップで長期休暇をとった。
> I took a long vacation on ＿ ＿ .

0755
私はバイトを探しています。
> I'm looking for a ＿ ＿ .

0756
シャーペンを持ってる？
> Do you have a ＿ ＿ ?

0757
この黒のマジックは古いね。
> This black ＿ ＿ ＿ .

0758
ホッチキスを貸してくれる？
> Could you lend me ＿ ＿ ?

0759
今、クーラーは何度？
> What temperature is the ＿ ＿ ＿ ?

0760
この辺にコンセントはある？
> Is there an ＿ ＿ ?

There are a lot of people in Japan who only work part-time.

「フリーター」は (only) work part-time で通じます。

I need a new suit for a job interview.

「リクルートスーツ」をあえて英語にするなら suit for a job interview。

Tell me the advantages and disadvantages of the game.

「メリットとデメリット」とは言いません。advantages and disadvantages なら OK。

I took a long vacation on doctor's orders.

「ドクターストップ」は doctor's orders（医者の命令）です。

I'm looking for a part-time job.

ドイツ語の arbeit が語源、英語では part-time job または side job。

Do you have a mechanical pencil?

「シャーペン」は英語では mechanical pencil です。

This black marker is getting old.

「マジック」は「マジックペン」を略したもの。正しくは felt tip pen または marker(pen)。

Could you lend me your stapler?

「ホッチキス」は商標で、英語では stapler です。

What temperature is the air conditioner set for?

「エアコン」は略称なので、air conditioner と略さずに言いましょう。

Is there an outlet around here?

「コンセント」では NG、正しくは outlet や wall socket など。

Chapter 8 | 食べ物＆日用品の和製英語

0761 フライドポテトのLをお願いします。
> I'd like the large _ _, please.

0762 シュークリーム食べる？
> Would you like a _ _?

0763 ピーマンは好きじゃない。
> I don't like _ _.

0764 シーチキンを開けてもらえる？
> Could you open a _ _ _?

0765 ここの朝食はバイキングです。
> The breakfast here is _ _.

0766 アメリカン（コーヒー）をお願いします。
> Can I have _, please?

0767 オーブントースターでこの肉を30分焼いて。
> Cook this meat for 30 minutes in the _ _.

0768 ペットボトルをゴミ箱に捨てないで。
> Don't put the _ _ in the trashcan.

0769 リップクリームは持ってる？
> Do you have _?

0770 母はミシンを使うのが得意だ。
> My mother is good at using a _ _.

I'd like the large French fries, please.

「フライドポテト」はアメリカでは French fries、イギリスでは chips です。

Would you like a cream puff?

元はフランス語の chou à la crème。英語では cream puff です。

I don't like bell peppers.

他に green pepper や pimento という呼び名もあります。

Could you open a can of tuna?

「ツナ缶」なら canned tuna ですが、疑問文の場合このように使うのが一般的。

The breakfast here is buffet style.

英語の viking は「海賊」、正しくは buffet (style)。

Can I have coffee, please?

浅く煎ったコーヒーを「アメリカン」と呼ぶのは日本だけ。

Cook this meat for 30 minutes in the toaster oven.

正しくは語順を逆にした toaster oven。

Don't put the plastic bottle in the trashcan.

「ペットボトル」は和製英語、正しくは plastic bottle です。

Do you have Chapstick?

「バンドエイド」のように商標が商品名になったもの。

My mother is good at using a sewing machine.

「ミシン」は machine を聞き間違えたもの、正しくは sewing machine。

Chapter 8 | 身のまわりの和製英語

0771 彼女は日本人とアメリカ人のハーフだ。
> She's _ _ _ _ _.

0772 トランプをやろう。
> Let's _ _.

0773 レジ袋はいりますか?
> Would you like a _ _?

0774 私は毎日ヘルスメーターで体重をはかる。
> I weigh myself on the _ _ every day.

0775 フリーサイズのシャツをもらった。
> I got a _ _.

0776 きみの電話にキャッチホンはついてる?
> Does your phone _ _?

0777 私はアパートに住んでいます。
> I live in _ _.

0778 彼女はシェイプアップしてきれいになった。
> She looks great after losing _ _ _ _.

0779 夏のバカンスはどこへ行く?
> Where are you going on your _ _?

0780 あの赤いオープンカーが彼のです。
> That _ _ is his.

She's half Japanese and half American.

日系アメリカ人なら Japanese-American または half Japanese and half American です。

Let's play cards.

(playing) cards で「トランプ」。

Would you like a plastic bag?

スーパーのレジでもらう「レジ袋（ビニール袋）」は英語だと plastic bag。

I weigh myself on the bathroom scales every day.

「ヘルスメーター」では通じません、bathroom scales です。

I got a one-size-fits-all shirt.

「フリーサイズ」は one-size-fits-all（1 サイズで全部に合う）です。

Does your phone have call-waiting?

英語では call-waiting（通話中着信、割込電話）です。

I live in an apartment.

「アパート」と略さず apartment と言わなければ通じません。

She looks great after losing a lot of weight.

英語の shape up は「しっかりやる」「体調を整える」という意味。

Where are you going on your summer vacation?

「バカンス」はフランス語の vacances が語源、正しい英語は vacation。

That red convertible is his.

「オープンカー」では通じません、正しくは convertible。

Chapter 8 | 身のまわりの和製英語

0781
チャック開いてるよ。
> _ _ is down.

0782
ハーレーのオートバイを買いたい。
> I want to get a Harley-Davidson _.

0783
母にシルバーシートを譲ってもらえますか？
> Could you let my mom sit in the _ _ ?

0784
6時にモーニングコールをお願いします。
> I'd like a _ _ at 6:00.

0785
フロントはどこですか？
> Where's the _ _ ?

0786
モニターになったら、少しお金がもらえるよ。
> You can get a little money for being a _ _.

0787
私は東京でマンションに住んでいる。
> I live in a _ in Tokyo.

0788
テストでカンニングをするな。
> Don't _ on the test.

0789
きみのジージャンすごくかっこいい！
> Your _ _ looks so cool!

0790
インフルエンザにかかった。
> I got _ _.

Your zipper is down.

XYZ (Examine Your Zipper.「チャックを見て」の略語) でも OK。

I want to get a Harley-Davidson motorcycle.

正しくは motorbike または motorcycle です。

Could you let my mom sit in the priority seat?

「シルバーシート」は造語、英語では「優先席」を表す priority seat。

I'd like a wake-up call at 6:00.

「モーニングコール」ではなく、wake-up call（起こすための電話）です。

Where's the front desk?

「ホテルのフロント」は front desk または reception desk。

You can get a little money for being a test user.

monitor では違う意味に。test user または product tester (reviewer) です。

I live in a condo in Tokyo.

英語の mansion は「豪邸」を意味するので、apartment または condominium (condo) と言いましょう。

Don't cheat on the test.

英語の cunning は「ずるい」という意味なので、正しくは cheat です。

Your denim jacket looks so cool!

「ジージャン」と略さず jeans jacket または denim jacket と言いましょう。

I got the flu.

influenza が元の語ですが、省略してほぼ the flu で用いられます。

Chapter 8 | 身のまわりの和製英語

0791 ホテルのサービスにクレームがあるんですが。
> I'd like to file a __ about the hotel's service.

0792 あのスーパーは夜にセールをやる。
> That __ has sales in the evening.

0793 将来の夢はアイドルになることです。
> My dream is to become a __ __.

0794 あのスーパーは朝、タイムサービスをやる。
> That supermarket has __ __ in the morning.

0795 ジェットコースターは好き？
> Do you like __ __?

0796 父はいつもとてもエネルギッシュだ。
> My father is always so __.

0797 ロスタイムに本田がヘディングで決めた。
> Honda got in a header in __ __.

0798 エステに行くつもりです。
> I'm going to a __ __.

0799 彼はいつも白のワイシャツを着ている。
> He always wears white __ __.

0800 4番ホームはどこですか？
> Where's __ No. 4?

184

I'd like to file a complaint about the hotel's service.

claim は本来「権利を主張する」という意味、正しくは complaint です。

That supermarket has sales in the evening.

「スーパー」と略さず supermarket と言いましょう。

My dream is to become a pop idol.

英語の idol は「偶像、崇拝の対象となるもの」なので、pop idol と表現。

That supermarket has limited-time specials in the morning.

「タイムサービス」は NG、limited-time specials と表現しましょう。

Do you like roller coasters?

「ジェットコースター」は造語、正しくは roller coaster です。

My father is always so energetic.

「エネルギッシュ」はドイツ語の energisch が語源。

Honda got in a header in additional time.

「ロスタイム」ではなく、additional time です。

I'm going to a beauty spa.

「エステ」の語源はフランス語の esthetique です。

He always wears white business shirts.

「ワイシャツ」では NG、business shirt と表現すれば通じます。

Where's Platform No. 4?

「ホーム」と略さず platform です。

Chapter 8 | 身のまわりの和製英語

0801 マンツーマンで野球を教わった。
> I had a __ baseball lesson.

0802 私は冬、ホットカーペットを使う。
> I use an __ __ in the winter.

0803 その公園はアベックでいっぱいだ。
> There are a lot of __ in the park.

0804 彼はすごくドライだ。
> He's really __.

0805 リサイクルショップを開く予定だ。
> I'm planning to open a __ __.

0806 次のドライブインで休憩しよう。
> Let's take a break at the next __ __.

0807 トイレはどこですか?
> Where's __ __?

0808 父は会社を私にバトンタッチした。
> My father __ __ his company to me.

0809 フリーマーケットで皿を買った。
> I bought some dishes at a __ __.

0810 ドンマイ!
> __ mind!

I had a one-on-one baseball lesson.
このような意味で使う時は one-to-one または one-on-one。

I use an electric carpet in the winter.
正しくは electric carpet（電気カーペット）です。

There are a lot of couples in the park.
「アベック」はフランス語の avec が語源。

He's really businesslike.
He's really dry. だと「彼はとても無味乾燥だ、つまらない」という意味に。

I'm planning to open a secondhand shop.
正しくは secondhand shop または recycled-goods shop です。

Let's take a break at the next rest stop.
「ドライブイン」は和製英語なので NG、rest stop または rest area。

Where's the bathroom?
Where is the toilet? だと「便所どこ？」なんてニュアンスに。

My father handed over his company to me.
hand over で「…を渡す」となります。

I bought some dishes at a flea market.
free ではなく flea market（蚤の市）です。

Don't mind!
Don't worry about it! でも OK。

和製英語にご用心!

　和製英語、つまり「日本で勝手に作った英語風のカタカナ語」は海外では通じません!　大きく分けて6種類のカタカナ語があるので、「本当に英語か」確かめてから使うようにしましょう!

1 **発音が違って通じないもの**
　virus（X：ウイルス　→　◎：ヴァイラス）
　energy（X：エネルギー　→　◎：エナジー）

2 **日本人が勝手に作った言葉**
　X：ノートパソコン　→　◎：laptop
　X：シーチキン　→　◎：canned tuna

3 **単語の意味が異なり通じないもの**
　print（X：印刷した紙　→　◎：印刷する）
　mansion（X：マンション　→　◎：豪邸）

4 **略称で通じないもの**
　X：スーパー　→　◎：supermarket
　X：ソフト　→　◎：software

5 **英語ではない言葉だから通じないもの**
　X：アルバイト　→　◎：part-time worker
　X：アンケート　→　◎：questionnaire

6 **日本人が聞き間違えて使っている英語**
　X：ミシン　→　◎：(sewing) machine
　X：アクセル　→　◎：accelerator

Chapter

9

大人の英会話（恋愛）

Chapter 9 | 話しかける

0811 何飲んでるの？
> What are you __ ?

0812 それどこで買ったの？
> Where did you __ __ ?

0813 どこへ行くの？
> Where are you __ ?

0814 いつもどこで遊んでるの？
> Where do you like to __ __ ?

0815 どこに住んでるの？
> Where do you __ ?

0816 (地元は) どんな街？
> What's your __ __ ?

0817 仕事は何？
> What __ __ __ ?

0818 どんな仕事をしているの？
> What __ __ do you do?

0819 歳は？
> How old __ __ ?

0820 名前は？
> What's __ __ ?

What are you drinking?
まずはこういう何気ない質問から始めましょう。

Where did you buy that?
目的語を入れるのを忘れずに！

Where are you going?

Where do you like to hang out?
hang out で「ブラブラして時を過ごす、たむろする」。

Where do you live?

What's your town like?

What do you do?
「何をしているんですか？」→「仕事は何ですか？」となります。

What kind of work do you do?
具体的な仕事の内容を聞くならこんなフレーズを。

How old are you?
If you don't mind me asking（差し支えなければ教えて）を加えると丁寧に。

What's your name?
先に自分から名乗ると、相手も言いやすいです。

Chapter 9 | 相手のことを聞く

0821
どこで生まれたの？
> Where _ _ _ ?

0822
日本に住んでるの？
> Do you live _ _ ?

0823
誰と住んでるの？
> Who do you _ _ ?

0824
将来は何をしたいの？
> What do you want to _ _ _ _ ?

0825
昨日はどこへ行ったの？
> Where _ _ _ _ ?

0826
週末は何をするの？
> What are you _ _ _ _ _ ?

0827
この間の週末は何をしたの？
> What did you _ _ _ ?

0828
プライベートなこと聞いてもいい？
> Do you mind if I ask you a _ _ ?

0829
誰かとつきあってる？
> Are you seeing _ ?

0830
彼氏はいる？
> Do you _ _ _ ?

Where were you born?

Do you live in Japan?
日本にいる外国人に話しかけるならこんな質問も！

Who do you live with?
遠回しにパートナーの有無を確認するフレーズです。

What do you want to do in the future?

Where did you go yesterday?
相手が観光客ならこんな質問もオススメです。

What are you going to do this weekend?
デートに誘う時はこんな質問から始めるといいでしょう。

What did you do last weekend?

Do you mind if I ask you a personal question?
プライベートなことを聞く時に。

Are you seeing anyone?
現在進行形で see を使うと「（異性と）交際する、付き合う」という意味に。

Do you have a boyfriend?
「彼女」なら girlfriend です。

Chapter 9 | デートに誘う

0831 一緒に夕食はどう?
> Would you like to go out _ _ _ _?

0832 一緒に出かけない?
> How about _ _ _ _?

0833 LINE で連絡できる?
> Can I contact you _ _?

0834 いつがいい?
> When's _ _ _?

0835 今度の日曜、会える?
> Can we _ _ _?

0836 10 時に渋谷駅で会おう。
> Let's meet at _ _ _ _ _.

0837 12 時に車で迎えに行くね。
> I'll pick you _ _ _.

0838 待たせた?
> Did I keep _ _?

0839 待たせてごめんね。
> I'm sorry to _ _ _.

0840 ちょうど来たところだよ。
> I just _ _.

Would you like to go out for dinner with me?

Would you like to go out for ... で「…に出かけない?」。

How about going out with me?

外出を誘う際の決まり文句です。

Can I contact you by LINE?

contact で「連絡を取る」。

When's good for you?

be good for ... で「…に都合がいい」。

Can we meet this Sunday?

Let's meet at Shibuya Station at 10:00.

「Let's meet at ＋場所＋ at ＋時間」が待ち合わせの定番表現。

I'll pick you up at 12:00.

pick up で「(人を) 車で拾う、車で迎えに行く」。

Did I keep you waiting?

keep someone waiting で「(人) を待たせておく、待たせる」。

I'm sorry to make you wait.

人を待たせるので使役動詞の make を使います。

I just got here.

just を入れることで「ちょうど」のニュアンスが出ます。

Chapter 9 | デート中

0841
青が似合うね。
> You look _ _ _.

0842
きみの笑顔が好きだな。
> I love your _.

0843
きみと話すのは楽しいよ。
> I enjoy _ _ _.

0844
きみのすべてが好きだ。
> I like everything _ _.

0845
きみのことをもっとよく知りたいな。
> I want to get to know _ _.

0846
楽しめた？
> Did you have _ _ _?

0847
ありがとう、今日はとても楽しかった。
> Thanks, I had a really _ _ _.

0848
こんなにすてきなデートは初めてだ。
> I've never been on _ _ _ _.

0849
家まで送ろうか？
> Would you like me to take _ _?

0850
素敵な1日をありがとう。
> Thanks for _ _ _.

You look good in blue.
You look good in ...（…が似合うね）の…を入れ替えて応用しましょう。

I love your smile.
I love your ...（きみの…が好きだ）はいろいろアレンジできます。

I enjoy talking with you.
enjoy の後の動詞は ing 形。

I like everything about you.
こんなことを言われたら、誰だってときめいちゃいますよね？

I want to get to know you better.
get to know で「…を知るようになる、…と知り合う」。

Did you have a good time?
デートだけでなくパーティやさまざまなシチュエーションで使えます。

Thanks, I had a really good time today.

I've never been on such a great date.
反語的に解釈すれば「今までで最高のデートだ」となります。

Would you like me to take you home?
Would you like me to ...? で「…してもらいたいですか？」。

Thanks for a wonderful day.
別れ際の決まり文句です。

Chapter 9 | 恋バナ

0851 彼女をデートに誘ったんだ。
> I asked her _ _ _ _.

0852 彼女に告白したの？
> Did you ask _ _?

0853 昨日、彼女に告白したよ。
> I asked her _ _.

0854 僕と付き合ってくれない？
> Will you go _ _ _?

0855 どれくらい彼と付き合っているの？
> How long have you been _ _ _ _?

0856 3カ月くらいかな。
> About _ _.

0857 ふたりはどうやって知り合ったの？
> How did you get to _ _ _?

0858 友人が彼女を僕に紹介してくれたんだ。
> My friend introduced _ _ _.

0859 今夜はデートじゃなかった？
> Didn't you have _ _ _?

0860 彼女にドタキャンされたんだ。
> She backed out _ _ _ _.

I asked her out on a date.
ask someone out on a date で「…をデートに誘う」です。

Did you ask her out?
ask out には「告白する」の意味もあります。

I asked her out yesterday.

Will you go out with me?
go out with ... で「…と付き合う」。

How long have you been going out with him?
現在も続いていることをたずねるなら現在完了進行形です。

About three months.

How did you get to know each other?
get to know each other で「(お互い)知り合う」。

My friend introduced her to me.

Didn't you have a date tonight?

She backed out at the last minute.
back out at the last minute で「ドタキャンする」です。

Chapter 9 | 恋の終わり

0861 （デートは）どうだった？
> How'd __ __?

0862 彼女はなんだって？
> What did __ __?

0863 彼女とはもう二度と会わない。
> I'll never __ __ __.

0864 彼女とはもう二度と口もきかない。
> I'll never __ __ __ __.

0865 まだ腹を立ててるの？
> Are you __ __?

0866 彼女を自由にしなよ（別れなよ）。
> Let __ __.

0867 話したいことがあるんだ。
> I have __ __ __ __.

0868 話をしないとね（別れよう）。
> We need __ __.

0869 もう終わりだ。
> You and I __ __.

0870 （私たちは）別れました。
> We __ __.

How'd it go?
日本語でもよく言う「ねえ、ねえ、どうだった？」というニュアンス。

What did she say?

I'll never see her again.
never again で「もう二度と…しない」。

I'll never talk to her again.
絶交する時はこんなフレーズを。

Are you still upset?
angry だとストレートに「怒って」なので、遠回しに表現するなら upset。

Let her go.
let go で「自由にする、諦める」なので、別れをすすめるフレーズに。

I have something to tell you.
あまり良くない話を切り出す時の決まり文句。

We need to talk.
「(別れ) 話をする必要がある」→「別れよう」という決まり文句。

You and I are done.
カップルの別れの一言！ You and I are history. とも言います。

We broke up.

恋愛のキッカケはSNS?!

　最近はSNSがキッカケで恋愛に発展するケースが激増しているとか。海外の人とも気軽にやりとりできるSNSは、英語の練習にもピッタリ！

　本書でも度々SNS絡みのフレーズを紹介していますが、改めてここでまとめてみましょう。

・メアド教えてくれる？
　→ Can I get your email address?
・LINEやってる？ → Are you on LINE?
・LINEで友達申請してよ。→ Add me on LINE.
・あとで友達申請するね。
　→ I'll send you a friend request later.
・承認してくれてありがとう。
　→ Thanks for adding me.
・インスタはやってる？
　→ Are you on Instagram?
・インスタ見てよ。→ Check my Instagram.

　SNSの名前を入れ替えれば、どれも応用可能です。実際に顔を合わせないSNSの方が、自由かつ大胆に英語を使えるかもしれません。

Chapter 10

メール・SNS

Chapter 10 | Twitter のやりとり

0871 ツイッター始めたよ。
> I've just __ __.

0872 （私に）ツイートして。
> Tweet __.

0873 ツイッターで（私を）フォローして。
> You can follow __ __ __.

0874 フォローしてね！
> Please __ __.

0875 フォローしてくれてありがとう！
> Thanks for __ __!

0876 RT（リツイート）ありがとう。
> Thanks for __ __ __.

0877 リプ返しして。
> Tweet __ __.

0878 ツイートに「いいね」してくれた？
> Did you __ __ __ __?

0879 どうして昨日はツイートしなかったの？
> Why didn't you __ __?

0880 すぐにツイートするね！
> Tweet __ __!

I've just started tweeting.

動詞の tweet で「(ツイッターで)つぶやく、ツイートする」です。

Tweet me.

Tweet ... で「…にツイートする」。

You can follow me on Twitter.

follow ... on ... で「…で…をフォローする(追いかける)」。

Please follow me.

さまざまな SNS に対して使えるフレーズです。

Thanks for the follow!

follow は動詞にも名詞にもなります。名詞の場合は冠詞を忘れずに！

Thanks for your retweet.

retweet は RT とも略されます。

Tweet me back.

「リプ返し」とは「reply (返事) すること」なので「ツイートを返す」で Tweet me back. です。

Did you like my tweet?

「いいね」は英語で like を使います。

Why didn't you tweet yesterday?

Why didn't you ...? で「どうして…してくれなかったの？」。

Tweet you soon!

Chapter 10 | Twitter のやりとり

0881 これが私の最新ツイート。
> Here's my _ _.

0882 これが最近のツイート。
> Here are some _ _.

0883 メッセージをシェアして。
> Share _ _.

0884 この投稿をシェアして。
> Share _ _.

0885 共感したらシェアして！
> Share the word _ _ _!

0886 犬好きならシェア！
> Share if you _ _!

0887 リツイートして（拡散希望）。
> Please _.

0888 旅先から写真アップするね。
> I'll _ _ _ from my trip.

0889 なる早でツイートするね。
> I'll _ _.

0890 新しい情報を仕入れたら教えるね。
> I'll let you know when _ _ _ info.

Track **089**

Here's my latest tweet.
latest で「最新の」。

Here are some recent tweets.
recent で「最近の」、複数なので tweets と s をつけるのを忘れずに！

Share the message.
「…をシェア（共有）して」は Share ... です。

Share this post.
post で「投稿」、さまざまな SNS の投稿を指します。

Share the word if you agree!
if you agree で「同意したら」→「共感したら」。

Share if you love dogs!
特定のジャンルの人に呼びかけたい時のフレーズ。

Please retweet.
retweet とは「他人のツイートをコピーして再投稿すること」です。

I'll post some pictures from my trip.
「アップする」は本来 upload ですが、post（投稿する）を使っても OK。

I'll tweet ASAP.
ASAP = as soon as possible「できるだけ早く、なる早で」。

I'll let you know when I get new info.
information を info などと略すのも SNS では多いです。

Chapter 10 | Facebook のやりとり

0891
フェイスブックやってる?
> Are you __ __?

0892
フェイスブックやってるよ。
> I'm __ __.

0893
うんざりしてやめちゃった。
> I got __ __ __ and quit.

0894
フェイスブックで友達申請して。
> Add me __ __.

0895
よかったら友達申請して。
> If you like, you can __ __ as a friend.

0896
自分の写真を追加してね。
> Add a __ __ __.

0897
フェイスブックのアカウントは無料だよ。
> Facebook accounts __ __.

0898
リスト名を入力したらメンバーを追加して。
> Enter the list name and __ __ __.

0899
フェイスブックって要はつながることだよ。
> Facebook is all about __ __.

0900
友達ボタンをクリックすれば新しい友達を追加できる。
> You can add new friends by __ __ __ __ __.

Track **090**

Are you on Facebook?
SNSの場合、Are you on ...? で「…をやってる?」です。

I'm on Facebook.
I'm on ... で「…をやっています」。

I got tired of it and quit.
get tired of ... で「…にうんざりする」。

Add me on Facebook.
フェイスブックで「私を追加して」→「友達申請して」。

If you like, you can add me as a friend.
「あなたの友達に私を入れて」→「友達申請して」となります。

Add a photo of yourself.
データなどの情報や画像を追加する時はaddを使います。

Facebook accounts are free.
account（アカウント）とは、SNSを利用する際に必要となる個人口座のようなもの。

Enter the list name and add some members.
「入力する」はenterです。

Facebook is all about making connections.
make a connection で「つながる」。

You can add new friends by clicking the friends button.
「クリック」はそのままclick、「友達ボタン」はfriends buttonです。

Chapter 10 | Web サイトのやりとり

0901 これが私の最初のブログ。
> This is my _ _.

0902 きみのサイトのアドレスは?
> What's your _ _?

0903 どのサイトでそれを見れる?
> What site can I _ _ _?

0904 リンクをもらえる?
> Could you _ _ _ _?

0905 時間がある時ブログ見にきて。
> Visit my blog when _ _ _.

0906 この動画チェックして!
> Check this _ _!

0907 きみ、これ好きだよ。
> You'll _ _.

0908 絶対読んで!
> Must _!

0909 私のサイトにも来て。
> Please visit _ _ _.

0910 ブログに写真をアップするから見てね。
> I'll upload the photos to my blog, so _ _ _.

This is my first blog.
「ブログ」は blog で、元の語は weblog という造語です。

What's your web address?
サイトもウェブも元の語は website です。

What site can I see that on?

Could you give me the link?
link は動詞でも使われ、Link this. なら「これリンクして」。

Visit my blog when you have time.
「ブログ見に来て」→「ブログを訪問して」と解釈。

Check this video out!
「動画」は英語だと video です。

You'll like this.
You'll ... で「あなたは…でしょう」。

Must read!
Must ... で「絶対…して！」。

Please visit my site also.
「サイトに来る」は「訪れる」と解釈し visit を使いましょう。

I'll upload the photos to my blog, so have a look.
upload photos to one's blog で「…のブログに写真をアップする」。

Chapter 10 | Web サイトのやりとり

0911 インスタ初心者です。
> I'm a beginner __ __.

0912 インスタに投稿するね。
> I'll post it __ __.

0913 その写真送って。
> Send me __ __.

0914 ウェブカメラを使って自分の写真を撮れるよ。
> You can take a photo of yourself __ __ __.

0915 前に教えてくれたアプリをダウンロードしたよ。
> I downloaded the app you __ __ __.

0916 その画像を私にもシェアしてもらえる？
> Could you share that image __ __ __?

0917 シェアしたい情報を追加して。
> Add the information that __ __ __.

0918 投稿へのフォロワーの反響がすごかった。
> My followers really __ __ __.

0919 何を投稿したの？
> What did you __?

0920 ユーチューブに動画を投稿したんだ。
> I posted some videos __ __.

I'm a beginner on Instagram.
I'm a beginner on で「…の初心者です」。

I'll post it on Instagram.
「インスタに」は on Instagram です。

Send me that picture.

You can take a photo of yourself using your webcam.
「ウェブカメラ」= webcam で、インターネットに接続できるカメラのこと。

I downloaded the app you told me about.
download the app で「アプリをダウンロードする」。

Could you share that image with me too?
image で「画像」です。

Add the information that you want to share.

My followers really reacted to my post.
「フォロワーが私の投稿にものすごい反応を示した」と解釈。

What did you post?

I posted some videos to YouTube.
post a video で「動画を投稿する」。いかにも今風なフレーズです。

Chapter 10 | SNS でコメントする

0921	**いいね!** ＊1単語で > L _ !
0922	**ビックリ!** ＊1単語で > A _ !
0923	**ステキ!** ＊1単語で > L _ !
0924	**うわー!** ＊1単語で > W _ !
0925	**かっこいい!** ＊1単語で > C _ !
0926	**素晴らしい!** ＊1単語で > W _ !
0927	**キレイ!** ＊1単語で > B _ !
0928	**すごい!** ＊1単語で > F _ !
0929	**かわい〜!** ＊1単語で > C _ !
0930	**すごい!** ＊1単語で > G _ !

Like!
親指を立てた thumbs-up のアイコンと共によく使われます。

Amazing!
派手に驚く時に。

Lovely!
日本語の「かっわい〜！」「ステキ〜」に近いニュアンス。

Wow!
驚く時は何でも使えます。

Cool!
男女を問わず使えますが、特に男性はよく使います。

Wonderful!
さまざまなほめ言葉のかわりに。

Beautiful!
美しいもの、素晴らしいものなど幅広く使えます。

Fantastic!
驚きながらもほめるような時におすすめ。Fabulous! でも OK。

Cute!
英語だと「きれい」「抜け目ない」という意味も。

Great!
ほめ言葉の一番簡単なのがこれ！

Chapter 10 | SNS でコメントする

0931	**いいね!** ＊1単語で > G _ _ !
0932	**本当に?** ＊1単語で > R _ _ ?
0933	**で?** ＊1単語で > T _ _ ?
0934	**それで?** ＊1単語で > S _ _ ?
0935	**確かに!** ＊1単語で > A _ _ !
0936	**まさに!** ＊1単語で > E _ _ !
0937	**信じられない!** ＊1単語で > U _ _ !
0938	**見事な!** ＊1単語で > M _ _ !
0939	**その通り。** ＊1単語で > R _ _ .
0940	**わかった。** ＊1単語で > Y _ _ .

Track **094**

Good!
ほめ言葉の定番表現といえばこれ！

Really?
冷静にも大げさにも使える驚き表現です。

Then?
次の言葉を促す1単語。

So?
話題を変えたり結論を促す際に。

Absolutely!
「絶対的に」という意味もあるように、かなりの強調表現になります。

Exactly!
同意する時の強調表現。

Unbelievable!
大げさに言うと雰囲気が出ます。

Marvelous!
最高に近いほめ言葉です。

Right.
あいづちとしても使えます。

Yeah.
一番簡単な同意の1単語。Yes. でも OK です。

Chapter 10 | SNSでコメントする

0941 今どうしてる？
> What are you __ __?

0942 調子はどう？
> How's __ __?

0943 みんな元気？
> Hi, __.

0944 いつも通りだよ。
> Same __ __.

0945 バッチリだよ。
> Not bad __ __.

0946 かなりいいよ。
> Pretty __.

0947 最高だよ。
> Couldn't __ __.

0948 何とかやってる。
> I'm __.

0949 大したことはないよ。
> Nothing __.

0950 いまいちだよ。
> Not __ __.

What are you up to?
up to ... で「...しようとして」

How's it going?
「うまくいってる?」というニュアンスも。

Hi, everyone.
大勢いる場所に顔を出すときはこんなフレーズを。

Same as usual.
as usual で「いつも通り」。

Not bad at all.
「まったく悪くない」→「バッチリだよ」と反語的に解釈。

Pretty good.
この場合の pretty は「かなり」。

Couldn't be better.
「これ以上良くなりようがない」→「最高だよ」となります。

I'm surviving.
survive で「(困難な状況で) 何とかやっていく」。

Nothing much.
「大したことないから大丈夫」と相手を安心させるひとこと。

Not so good.
「あまりよくない」→「いまいちだ」となります。

Chapter 10 | SNSでコメントする

0951 ちょっとこれ見て。
> Take a _ _ _.

0952 聞いた?
> Did you _?

0953 知ってる?
> You know _?

0954 これ信じられる?
> Can you _ _?

0955 これ、知ってる人はいる?
> Does anyone know _ _?

0956 質問があります。
> I have _ _.

0957 質問してもいい?
> Can I _ _ _?

0958 もっと詳しく教えて。
> Tell me _.

0959 チャットしよう!
> Let's have _ _!

0960 メールで連絡できる?
> Can I contact you _ _?

Take a look at this.
take a look at ... で「…をちょっと見る」。

Did you hear?
噂話などを切り出す時に。

You know what?
「何だかわかる？」→「知ってる？」。これも噂話でよく使うフレーズ。

Can you believe this?

Does anyone know about this?
情報を求める時に。

I have a question.
have a question で「質問がある」。

Can I ask a question?
ask a question で「質問する」。

Tell me more.
詳細を知りたい時はこのフレーズを！

Let's have a chat!
have a chat で「チャット（おしゃべり）する」。

Can I contact you by email?
contact ... by email で「メールで…に連絡する」。

Chapter 10 | SNS でツイートする

0961 ただいま通勤中。
> I'm on my _ _ _.

0962 今、仕事中。
> I'm _ _.

0963 今、友達とランチ中。
> I'm _ _ with my friends.

0964 すごくお腹すいた。
> I'm so _.

0965 お昼はラーメン食べた。
> I had _ _ _.

0966 休憩しよう。
> Let's take _ _.

0967 もぐもぐタイムだ！
> It's snack _!

0968 何食べようかな？
> What should _ _?

0969 コンビニ行こう。
> I'm headed _ _ _ _.

0970 コンビニで夕食の買い物中。
> Buying dinner _ _ _ _ _.

I'm on my way to work.

on one's way to work で「通勤中」。

I'm at work.

今やっていることをツイートする「なう」のフレーズでよく使われます。

I'm eating lunch with my friends.

SNS は短縮形を多用するので、I'm を省略するのもアリです。

I'm so hungry.

I had ramen for lunch.

have には「…を食べる、…を飲む」の意味も。

Let's take a break.

take a break で「休憩する」。

It's snack time!

snack time で「おやつの時間」なので「もぐもぐタイム」になります。

What should I have?

What should I ...? で「(私は) どうしたらいい?」「何を…しようかな?」。

I'm headed to the convenience store.

head to ... で「…に向かう」。

Buying dinner at the convenience store.

SNS だと I'm を省略して ing 形で始めるのもよく見かけます。

Chapter 10 | ビジネスのメール

0971 お久しぶりです。
> It's been _ _ _.

0972 初めてメールをお送りします。
> This is the first time for me to _ _ _ _.

0973 お力添えをお願いしたくこのメールを書いています。
> I'm writing this email to _ _ _.

0974 いかがお過ごしですか？（最近はどうですか？）
> How are _ _ _?

0975 お元気ですか。
> I hope you're _ _.

0976 お元気でお過ごしかと存じます。
> I hope this email _ _ _.

0977 先日はありがとうございました。
> Thank you for _ _ _.

0978 ご連絡いただきありがとうございます。
> Thank you for _ _.

0979 早速のお返事ありがとうございました。
> Thank you for your _ _

0980 メールをありがとうございました。
> Thank you for _ _.

It's been a long time.
It has been a long time. の短縮形です。

This is the first time for me to send you an email.
初めてメールでやりとりする人への最初の言葉。

I'm writing this email to request your cooperation.
request your cooperation で「協力をお願いする」→「お力添えをお願いする」。

How are things these days?
近況をたずねる際の定番表現。

I hope you're doing well.
メールや手紙の最初の言葉として使われます。

I hope this email finds you well.
久しぶりにメールを出す際の決まり文句。

Thank you for the other day.

Thank you for contacting me.
for の後に動詞を続ける場合は ing 形で。

Thank you for your quick reply.
quick reply で「早速のお返事」。

Thank you for your email.
email の代わりに message でも OK。

Chapter 10 | ビジネスのメール

0981 連絡先をお教えくださりありがとうございます。
> Thank you for sending me ___ ___.

0982 昨日は弊社にご足労いただきありがとうございました。
> Thank you very much for ___ ___ ___.

0983 お返事が遅れて申し訳ございません。
> I'm sorry for ___ ___ ___.

0984 ご依頼のデータを本日お送りしました。
> I sent the data you ___ ___.

0985 ご依頼の情報はすでにメールしました。
> I've already emailed you ___ ___ ___ ___.

0986 ファイルは受け取りましたが開けませんでした。
> I received the file, but I couldn't ___ ___.

0987 ファイルを再送していただけますか？
> Could you send ___ ___ ___?

0988 ご連絡をお待ちしております。
> I look forward to ___ ___ ___.

0989 すぐにご連絡します。
> I'll be in ___ ___.

0990 都合の良い時をお知らせください。
> Please let me know when's ___ ___.

Thank you for sending me your contact information.

contact information で「連絡先」。

Thank you very much for visiting our office yesterday.

visit one's office で「…の会社を訪問する」。

I'm sorry for my late reply.

I'm sorry for ... で「…して申し訳ありません」。

I sent the data you requested today.

ちなみに data は複数形で、単数形は datum です。

I've already emailed you the information you requested.

「すでにメールした」は I've already emailed と現在完了形で。

I received the file, but I couldn't open it.

「添付が開かない」などは open を使えば OK です。

Could you send the file again?

send the file again で「ファイルを再送する」。

I look forward to hearing from you.

hear from で「連絡をもらう」。

I'll be in touch soon.

be in touch で「連絡をする」。

Please let me know when's convenient for you.

when's convenient for you で「あなたに都合が良い時」。

Chapter 10 | ビジネスのメール

0991
何かお困りでしたら、下記アドレスまでご連絡ください。
> If you have any trouble, please contact us using _ _ _ _.

0992
できるだけ早くお返事をいただけると幸いです。
> It would be great if you could _ _ _ _ _ _.

0993
私どもにお知らせください。
> Please let _ _.

0994
できるだけ早く返事をください。
> Please _ _ _ _ _.

0995
金曜の10時までにお返事をください。
> Please reply _ _ _ _.

0996
今週末お会いできるのを楽しみにしています。
> We look forward to _ _ _ _.

0997
どんな質問でも遠慮せずお聞きください。
> Please feel free to _ _ _ _.

0998
近いうちにまた連絡します。
> I'll be in touch _ _ _.

0999
ご自愛ください。
> Take care _ _.

1000
いつでもメールしてください。
> Please email _ _.

If you have any trouble, please contact us using the address below.
If you have any trouble で「何かお困りでしたら」。

It would be great if you could reply as soon as possible.
as soon as possible「できるだけ早く」は ASAP と略すこともできます。

Please let us know.
会社などでは let us know、個人であれば let me know です。

Please reply as soon as possible.
reply で「返事する」。

Please reply by 10:00 on Friday.
「…時までに」と締め切りを伝える時は by を使います。

We look forward to seeing you this weekend.
「…を楽しみにしています」は look forward to ...ing で表現しましょう。

Please feel free to ask me any questions.
Please feel free to ... で「遠慮なく…してください」。

I'll be in touch with you soon.
文末によく使うフレーズです。

Take care of yourself.
「あなた自身に気をつけて」→「ご自愛ください」となります。

Please email me anytime.
Please email me で「メールしてください」。

いまを生きる

"青春新書"は昭和三一年に——若い日に常にあなたの心の友として、その糧となり実になる多様な知恵が、生きる指標として勇気と力になり、すぐに役立つ——をモットーに創刊された。

そして昭和三八年、新しい時代の気運の中で、新書"プレイブックス"にその役目のバトンを渡した。「人生を自由自在に活動する」のキャッチコピーのもと——すべてのうっ積を吹きとばし、自由闊達な活動力を培養し、勇気と自信を生み出す最も楽しいシリーズ——となった。

いまや、私たちはバブル経済崩壊後の混沌とした価値観のただ中にいる。その価値観は常に未曾有の変貌を見せ、社会は少子高齢化し、地球規模の環境問題等は解決の兆しを見せない。私たちはあらゆる不安や懐疑に対峙している。

本シリーズ"青春新書インテリジェンス"はまさに、この時代の欲求によってプレイブックスから分化・刊行された。それは即ち、「心の中に自らの青春の輝きを失わない旺盛な知力、活力への欲求」に他ならない。応えるべきキャッチコピーは「こころ涌き立つ"知"の冒険」である。

青春出版社は本年創業五〇周年を迎えた。これはひとえに長年に亘る多くの読者の熱いご支持の賜物である。社員一同深く感謝し、より一層世の中に希望と勇気の明るい光を放つ書籍を出版すべく、鋭意志すものである。

平成一七年

刊行者　小澤源太郎

著者紹介
デイビット・セイン〈David Thayne〉

米国生まれ。証券会社勤務後に来日。日本での30年にわたる英語指導の実績をいかし、AtoZ GUILDと共同で英語学習書、教材、Webコンテンツの制作を手掛ける。累計400万部を超える著書を刊行、多くがベストセラーとなっている。
AtoZ English(www.atozenglish.jp)主宰。またオンラインで日本文化を英語で解説する学習サイトwww.wakaru.guideを開設。

中学の単語ですぐに話せる！
英会話1000フレーズ

青春新書
INTELLIGENCE

2018年6月15日　第1刷

著　者　　デイビッド・セイン

発行者　　小 澤 源 太 郎

責任編集　株式会社プライム涌光
電話　編集部　03(3203)2850

発行所　東京都新宿区若松町12番1号　株式会社青春出版社
〒162-0056
電話　営業部　03(3207)1916　　振替番号　00190-7-98602

印刷・中央精版印刷　　製本・ナショナル製本
ISBN978-4-413-04544-5
©David Thayne 2018 Printed in Japan

本書の内容の一部あるいは全部を無断で複写(コピー)することは著作権法上認められている場合を除き、禁じられています。

こころ湧き立つ「知」の冒険！

青春新書 INTELLIGENCE

人は死んだらどこに行くのか	世界の宗教の死生観	島田裕巳	PI-506
ブラック化する学校	少子化なのに、なぜ先生は忙しくなったのか？	前屋 毅	PI-507
僕ならこう読む	「今」と「自分」がわかる12冊の本	佐藤 優	PI-508
江戸の長者番付	殿様から商人、歌舞伎役者に庶民まで	菅野俊輔	PI-509
「減塩」が病気をつくる！		石原結實	PI-510
隠れ増税	なぜあなたの手取りは増えないのか	山田 順	PI-511
大人の教養力	この一冊で芸術通になる	樋口裕一	PI-512
「血糖値スパイク」が心の不調を引き起こす		武井一巳	PI-513
スマートフォン その使い方では年5万円損してます		溝口 徹	PI-514
こんなとき英語でどう切り抜ける？		柴田真一	PI-515
その「もの忘れ」はスマホ認知症だった		奥村 歩	PI-516
「糖質制限」その食べ方ではヤセません		大柳珠美	PI-517
浄土真宗ではなぜ「清めの塩」を出さないのか		向谷匡史	PI-518
皮膚は「心」を持っていた！	「第二の脳」といわれる皮膚がストレスを消す	山口 創	PI-519
その「英語」が子どもをダメにする	間違いだらけの早期教育	榎本博明	PI-520
頭痛は「首」から治しなさい	慢性頭痛の9割は首こりが原因	青山尚樹	PI-521
「系図」を知ると日本史の謎が解ける		八幡和郎	PI-523
英語にできない日本の美しい言葉		吉田裕子	PI-524
AI時代を生き残る仕事の新ルール		水野 操	PI-525
速効！漢方力	抗がん剤の辛さが消える	井齋偉矢	PI-526
公立中高一貫校に合格させる塾は何を教えているのか		おおたとしまさ	PI-527
ニュースの深層が見えてくるサバイバル世界史		茂木 誠	PI-528
40代でシフトする働き方の極意		佐藤 優	PI-529
日本語のへそ		金田一秀穂	PI-522

お願い ページわりの関係からここでは一部の既刊本しか掲載してありません。折り込みの出版案内もご参考にご覧ください。